Christoph Morgner

Ich will euch trösten, wie einen seine Mutter tröstet

Das Lesebuch zur Jahreslosung 2016

BRUNNEN
Verlag GmbH · Giessen

FSC
www.fsc.org
MIX
Papier aus verantwortungsvollen Quellen
FSC® C083411

www.brunnen-verlag.de
Lektorat: Eva-Maria Busch und Mareike Barnusch
Umschlaggestaltung: Spoon Design, Olaf Johannson
Umschlagmotiv: Worradirek/Shutterstock.com
Autorenfotos: Nikolaus Schneider, Noor van Haaften, Michael Diener, Luitgardis Parasie
Satz: Uhl + Massopust, Aalen
Druck: CPI – Ebner & Spiegel, Ulm
ISBN 978-3-7655-4259-6

Ich widme dieses Buch
dem Pfarrer der ev.-luth. Stephanusgemeinde
in Garbsen-Berenbostel
Ewald Grossmann

Inhalt

Zu diesem Buch

Gott spricht:
Ich will euch trösten, wie einen seine Mutter tröstet.
Jesaja 66,13

In den meisten Gemeinden wird am Neujahrstag über die Jahreslosung gepredigt. Das ist gut so und muss beibehalten werden, denn einen besseren Auftakt für ein neues Jahr gibt es nicht. Doch leider verschwindet die Jahreslosung dann meistens in der Versenkung und wird das gesamte Jahr über nicht mehr gesehen …

Das finde ich schade. Denn in der Jahreslosung verbergen sich Schätze. Es lohnt sich, danach zu graben und das Gefundene reichlich zu nutzen. So kann die Jahreslosung zu einem roten Faden werden, der das Leben der Gemeinde durchzieht:

- In den Gottesdiensten greifen im Laufe des Jahres unterschiedliche Prediger die Jahreslosung auf. Jeder hat darauf eine andere Sicht. Die Gemeinde wird das als Bereicherung empfinden. Das kann ich aus guter Erfahrung bestätigen.
- In Hauskreisen und anderen Gesprächsgruppen wird das Thema „Trost" in die Mitte gerückt. Hier ist jeder bei der Sache und kann sich einbringen. Viele sind trostbedürftig und sehnen sich nach einem offenen Ohr und einem guten Wort. Was sie innerlich bewegt, wird durch die Jahreslosung aufgefangen und in hilfreiche Bahnen gelenkt. Zugleich machen die Jahreslosung und der Umgang mit ihr trostfähig. Sie lässt sensibel werden für das, was jemand umtreibt. Gottes Trost färbt auf uns ab und motiviert uns zum Trösten.

- Im Seniorennachmittag kann „Trost“ thematisiert werden. Viele Berichte in diesem Buch bieten sich dafür an, vorgelesen zu werden. So dienen sie als Anregung für Gespräche. Gerade unter älteren Menschen leiden viele darunter, dass ein Schmerz, der in ihrem Inneren rumort, nicht zur Sprache kommt. Wer mag ihnen schon zuhören! Hierfür bietet die christliche Gemeinde Raum, und die Jahreslosung öffnet dafür Türen und Herzen. Das entlastet. Manche werden danach „ihre Straße fröhlich ziehen“ (Apostelgeschichte 8,39), jedenfalls fröhlicher, als sie gekommen sind.
- In Vorträgen oder Seminaren wird das Thema „Trost“ in seiner ganzen Breite variiert: Trost am Kranken- und Sterbebett, Trost in der Trauer, aber auch Trost für Menschen, die seelisch am Boden liegen. Trösten – wie geht das? Dabei können auch aktuelle Themen wie „Sterbehilfe“ und „Wahrheit am Krankenbett“ aufgegriffen werden. Hier wird mancher gerne dazukommen, der sich gegenüber Gottesdiensten eher reserviert verhält.

Wo immer über die Jahreslosung gesprochen wird, sollen Menschen Trost finden. Sie sollen „ganz bei Trost“ sein, wie die Redensart besagt. Im Evangelium von Jesus Christus liegt ein unerschöpfliches Trostpotenzial.

Das wird segensreiche Kreise ziehen: Aus Getrösteten werden Tröster, die sich sensibel in andere einfühlen können, die ein gutes Wort für sie haben und die für sie ihre Hände falten. Ich wünsche mir und erbitte es von Gott, dass dieses Buch viel Trost verbreitet und Segen stiftet.

Dr. Christoph Morgner, Garbsen

HANNA AHRENS

Trösten wie eine Mutter

Meine Mutter hatte eine besondere Gabe: Sie konnte trösten. Und wenn ich an sie denke, denke ich daran, wie sie uns tröstete. In ihrem kleinen Laden verkaufte sie, was gerade gebraucht wurde. Zu Ostern Schultüten und Osterhasen, zu Weihnachten Puppenwagen und Aufziehautos, auch Tannenbaumkugeln, Lametta und Schlittschuhe. Das ganze Jahr über Zigaretten und Zeitungen, Schulhefte, Ansichtskarten und Sonnenbrillen. Manchmal auch eine Handtasche. Dann freute sie sich und erzählte es uns.

Und wenn die Frauen kamen, um neue Groschenromane zu holen und anschreiben zu lassen, dann tat sie dies, obwohl der vorige auch noch nicht bezahlt war.

„Wie geht es Ihnen?“, fragte sie. Sie fragte, weil es ihr selbst nicht immer gut ging. Und sie hörte zu, auch wenn es lange Geschichten waren. So viele Kunden hatte sie ja nicht.

Und wenn wir Kinder von draußen hereinkamen, weil wir uns beim Rollerfahren die Knie aufgeschlagen hatten, dann nahm sie uns in den Arm und hielt uns, bis wir aufhörten zu weinen. Sie holte ein Pflaster und sagte: „Morgen ist es wieder gut! Morgen wollen wir Brombeeren und Pilze sammeln, wenn Großvater solange im Laden bedient.“

Und später, wenn wir aus der Schule kamen, enttäuscht über schlechte Zensuren, über Lehrer und Mitschüler oder eigentlich über uns selbst, dann holte sie tief Luft, nachdem sie unsere Klagen gehört hatte, und meinte: „Ja, das ist alles gar nicht so einfach. Ich könnte das nicht. Aber du schaffst es bestimmt. Jetzt isst du erst mal etwas, und dann kommst du runter in den Laden und hilfst mir ein bisschen."

Meine Mutter wusste, wer traurig ist, den darf man nicht allein lassen.

Sie wusste, wer traurig ist, den darf man nicht allein lassen. Sie war mit uns traurig und freute sich mit uns.

Und für mich ist noch heute ein Sommer, in dem ich nicht irgendwo Brombeeren pflücke, kaum denkbar. Unsere Kinder finden, dass Brombeeren zu viele und zu scharfe Dornen haben. Sie wissen nicht, woran ich dabei denke und wie sehr ich mir wünschte, dass ich so trösten könnte. Ich suche sofort nach Erklärungen, Vorschlägen und Ratschlägen. Sie nahm uns ruhig in den Arm und ließ uns Zeit für den Schmerz. Und ihre Geste sagte: Du bist mein liebes Kind, bleib jetzt bei mir, bis es wieder gut ist. Und: Hab keine Angst, du schaffst es.

Ich denke, das ist es, was Gott uns anbietet: Zuflucht und Trost bei ihm zu finden, der uns anhört und zuhört, solange wir reden, der uns nicht wegschickt. Bis in seiner Nähe der Schmerz erträglich wird, weil wir nicht allein sind. Weil Gott sieht und Gott weiß.

Es geht nicht immer darum,
was geleistet oder nicht geleistet wurde,
sondern entscheidend für eine erfüllte
oder vertane Zeit muss wohl sein,
welche Sprache Gott in ihr zu einem geredet hat.
Jochen Klepper

Hanna Ahrens ist Pastorin, Referentin und Buchautorin und lebt in Hamburg.

HILDEGARD VOM BAUR

Blick über den Horizont

Wie tröstet eine Mutter? Das ist wohl nur sehr persönlich zu beschreiben. Und doch gibt es Grundzüge, die alle kennen.

Wie tröstet eine Mutter, wenn trotz vielen Lernens die Arbeit schiefgegangen ist?

Wie tröstet eine Mutter, wenn der Sprung vom Baum mit einer Schürfwunde am Knie endet?

Wie tröstet eine Mutter, wenn der Nachbarsjunge die einzige Puppe mit Wucht in einen Graben wirft und sie kaputtgeht?

Wie tröstet eine Mutter, wenn der Liebeskummer zu groß wird?

Wie tröstet eine Mutter, wenn …

In der Erinnerung an meine eigene Mutter sehe ich immer das Bild ihrer Hände vor mir. Sie nahm mich nicht einfach in den Arm, sondern streckte ihre Hände aus, nahm meine in ihre, schaute mich an und sagte: „Dann schaffst du die Arbeit beim nächsten Mal!“ Oder: „Dann kleben wir jetzt ein Pflaster darauf!“ Oder: „Dann bringen wir die Puppe zum Puppendoktor.“ Und viele andere Trostsätze mehr.

Sie hat nicht einfach beschwichtigt, sondern im Rückblick begreife ich, dass sie in meine Sorgen und Ängste eine Zukunftsperspektive hineinbrachte. Ich konnte aufatmen. Da war jemand, der da war und zugleich weiter schaute, als ich selbst es in diesem Moment konnte. Das hat viel von dem Schmerz genommen.

Da war jemand, der weiter schaute, als ich selbst es in diesem Moment konnte.

Diese Zukunftsperspektive bekommt das Volk Israel durch den Propheten Jesaja. Mit Bildern von Schwangerschaft, Wehen, Geburt und von mütterlichem Trost weitet der Prophet den Blick der Menschen weit über ihren Horizont hinaus. Trostworte als Zukunftsansage sind kein billiger Trost, so wie auch die Sätze und Gesten einer Mutter zu ihrem Kind keine billige Vertröstung sind, sondern ein Versprechen, das aus dem tiefsten Herzen kommt.

Später lädt Jesus ein: „Kommt her zu mir alle, die ihr mühselig und beladen seid. Ich will euch erquicken“ (Matthäus 11,28). Im Trost dieses Jesuswortes und im Trost vieler Mütter steckt dieses „erquicken“, im Sinne von „frisch machen“, „lebensfähig machen“.

Deshalb laufen Kinder zu ihren Müttern, wenn ihnen etwas zugestoßen ist. Sie wissen, das ist der Ort, an dem mir ehrliche Hilfe zuteilwird. Deshalb laufen Christen zu diesem Jesus Christus, weil sie wissen, dass er die Hilfe ist.

Zu schön, um wahr zu sein? Gibt es nicht zu viele Menschen unter uns, die ein ganz anderes Bild von ihren Müttern haben oder gar keine Mutter erlebt haben? Die sich sehnen nach solchen Müttern, die ihnen die Arme entgegenstrecken, damit sie sich in diesen Armen bergen können? Und gibt es nicht viele Menschen, die mit einem schiefen Gottesbild aufwachsen? Sie glauben zwar an einen „lieben“ Gott, der jedoch weit weg ist. Oder sie kennen nur einen Gott, der straft, wenn ich falsch handle.

Der Prophet Jesaja hat dazu von Gott ein Bild erhalten: „Kann auch eine Frau ihr Kindlein vergessen, dass sie sich nicht erbarme über den Sohn ihres Leibes? Und ob sie seiner vergäße, so will ich doch deiner nicht vergessen" (Jesaja 49,15).

Ja, diese unmögliche Möglichkeit gibt es und das ist zum Heulen. Aber da ist auch die Zusage Gottes, dass dies bei ihm keine Möglichkeit ist, sondern eine Unmöglichkeit. Deshalb ruft Jesus den Menschen seiner Zeit das Wort zu: „Kommt her zu mir, die ihr mühselig und beladen seid." Kommt her, alle, die ihr Trost nötig habt, weil Leib und Seele leiden.

Ich will euch trösten wie einen seine Mutter tröstet. Wir kennen Träume und Sehnsüchte und haben Bilder, wenn es um das Thema „Trösten" geht. Ob als Kinder, Jugendliche oder Erwachsene. Wir sind alle des Trostes bedürftig und suchen Menschen, die uns trösten können, so wie unsere Mütter uns in der Kindheit getröstet haben. Diese Suche hört unser Leben lang nicht auf. Gott schenkt uns Menschen, die uns in schwierigen Situationen beistehen. Und er ist selbst da, wenn wir schreien.

Vielleicht werden wir irgendwann selbst eine Trost-Mutter, ein Trost-Vater oder eine Trost-Freundin und können das weitergeben, was wir von unseren leiblichen Müttern und von unserem geistlichen Vater empfangen haben. Das ist eine wunderbare Berufung.

Hildegard vom Baur ist Pastorin i. R. und war viele Jahre Generalsekretärin des CVJM-Westbunds.

Reinhard Deichgräber

Tröstende Klänge

Sechzig Jahre ist es her: Frankfurt 1956 – Kirchentag! Ich bin noch nicht ganz zwanzig Jahre alt, habe gerade mein erstes Semester Theologie hinter mir. Natürlich bin ich dabei! Um ein Quartier brauche ich mich nicht zu kümmern. Ein Cousin wohnt mit seiner Familie in einem Frankfurter Vorort. Dort kann ich unterkommen.

Als ich die Stube betrete, erklingt vom Plattenspieler wunderbare Musik. Offenbar ist es geistliche Musik. Solostimmen. Ein Chor. Die Musik lässt mich einen Augenblick lauschen. Aber ich weiß nicht, was sie da spielen.

„Was ist das?", frage ich meine Gastgeber.

„Was, du kennst das nicht?", antworten sie mir erstaunt. „Das ist Brahms, das Requiem!"

Das Requiem von Brahms? Als gebildeter Mensch sollte ich das eigentlich kennen. Aber hier habe ich offenbar eine peinliche Bildungslücke. Nur mit dem Fremdwort Requiem kann ich etwas anfangen. Requiem, das ist Kirchenmusik zu einer Totenmesse, zu einer Trauerfeier.

Einige Jahre später. Ich studiere inzwischen in Heidelberg. Da hängen überall Plakate:

HEILIGGEISTKIRCHE
JOHANNES BRAHMS
EIN DEUTSCHES REQUIEM

Natürlich lasse ich mir die Aufführung nicht entgehen. Vertraute Bibelworte bilden den Text des Requiems. Mit der Seligpreisung der Leidtragenden beginnt das Werk. Es folgt ein Trauermarsch: „Denn alles Fleisch, es ist wie Gras …“ Und so geht es weiter, Schriftwort folgt auf Schriftwort. In der Musik aber wechseln schmerzlich-traurige Töne mit Klängen der Hoffnung und der Sehnsucht nach den „lieblichen Wohnungen Gottes“ (Psalm 84).

Hingebungsvoll lausche ich der Musik. Ich bin ganz Ohr. Ganz Ohr? Ach, damit ist zu wenig gesagt. Viel zu wenig. Herz und Seele hören; ich bin ganz Seele, ganz Herz. Und nun kommt die Stelle, die mich bis heute bei jedem Hören am tiefsten bewegt und zu Tränen rührt. Drei Bibelworte sind hier miteinander verbunden.

Da ist zunächst das Abschiedswort Jesu: „Ihr habt nun Traurigkeit, aber ich will euch wiedersehen, und euer Herz soll sich freuen, und eure Freude soll niemand von euch nehmen“ (Johannes 16,22). Es folgt das persönliche Zeugnis des Weisen aus dem späten apokryphen Buch Sirach: „Sehet mich an: Ich habe eine kleine Zeit Mühe und Arbeit gehabt und habe großen Trost gefunden“ (Sirach 51,35). Zu diesen, von der Sopranstimme gesungenen Worten erklingen leise die Stimmen des Chors. Sie singen unser Losungswort aus dem Propheten Jesaja: „Ich will euch trösten, wie einen seine Mutter tröstet.“ Ganz still und ganz unaufdringlich singt der Chor diese Worte, gerade so wie eine Mutter spricht, wenn sie ihr trauriges, verängstigtes Kind sanft in die Arme schließt und es tröstet.

Ja, so tröstet eine Mutter. Nur eine Mutter tröstet so. Ihre

Stimme ist nicht laut oder heftig. Nein, leise und zärtlich, sanft und mütterlich klingt die Mutterstimme. Langsam, ganz langsam spricht die Mutter. Trost und Eile – die vertragen sich nicht. Da ist auch nichts Angelerntes. Die Mutter hat keine Kurse besucht. Nicht ihr Können oder eine bewährte Methode spenden Trost, sondern ganz einfach das, was sie ist.

Trost und Eile – die vertragen sich nicht.

Und so ist Gott. So macht *er* es. Diese Gotteskunst beherrscht er wie eine Mutter. So nimmt er uns, seine Kinder, in seine schützenden Arme. Ist das vielleicht am Ende doch zu menschlich geredet von dem, der das Universum geschaffen hat? Nein, von Gott hat noch kein Mensch gar zu menschlich gesprochen.

Unsere Jahreslosung ist ein Wort voll tröstlicher Musik. Lieblich sind seine Töne. Einen tröstlicheren Trost gibt es nicht.

Dr. Reinhard Deichgräber war viele Jahre Dozent am Missionsseminar in Hermannsburg.

Monika Deitenbeck-Goseberg

Nestwärme

Da ist ein buntes Trüppchen. Sie alle haben ihre Lebensgeschichte. Jeder wieder anders. Und jeder weist hohe Defizite auf: Liebesmangelschaden im Elternhaus. Herumgeschubst oder zu kurz gekommen. Nicht geliebt oder nicht gewollt. Verlassen oder überbehütet und nicht losgelassen. Den Weg nicht so recht gefunden. Eine Schädigung tragend in der einen oder anderen Form.

Irgendwann führte jeder einzelne Weg in eine Gemeinde. Und da war jemand mit einem eigenen Haus, mit einer kleinen Familie und eigenen Lebenserfahrungen, Schädigungen und Defiziten. Die Familie tat ihr Herz auf. Für alle Menschen mit Schädigungen, Defiziten, Misserfolgen, Traurigkeiten, Verwirrtheiten und Lebenssuche. Erste zaghafte Schritte wurden gegangen: viel und oft miteinander essen, beisammen sein, beten, die Bibel lesen, den Gottesdienst besuchen. Ideen entwickeln. Events ausrichten. Die WM im Gemeindehaus übertragen und dabei ein gastfreundliches Drumherum schaffen und viele Leute verköstigen …

Und die Idee danach: Die WM ist vorbei, was machen wir jetzt? Ein eigenes Menschenkicker-Turnier musste her. Eine verrückte Sache wurde in die Tat umgesetzt und ein voller Erfolg. Dann wurde eine Reise zur Allianz-Konferenz nach Bad Blankenburg organisiert. Der Gedanke: Wir wollen an Segensorte, unter heilsame Worte, in heilende Gemeinschaft. Unseren Gott näher kennenlernen, Menschen begegnen und Gutes erleben. Und wie immer war da die kleine Familie, die alles in die Hand nahm, die Hand darüber hielt und umsichtig leitete.

Dann kam der Winter, Weihnachten und Silvester standen vor der Tür. Seit Jahren hatte es in der Gemeinde Heiligabendfeiern für Menschen gegeben, die Heiligabend in Gemeinschaft feiern wollten. Jetzt übernahm das kleine Trüppchen den Staffelstab aus den Händen derer, die in neue Etappen ihres Lebens gingen.

Die Adventszeit wurde Vorbereitungszeit auf Weihnachten und auf die Heiligabendfeier. „Wir backen die Plätzchen für die Heiligabendfeier", hieß es in der einen Woche. „Alle, die mitfeiern, sind eingeladen zum Geschenkepacken – an einem Tag die Männer die Frauengeschenke, die das Team besorgt hat. An einem anderen Tag die Frauen die Männergeschenke." In der Woche darauf: „Wir fertigen die Deko für die Tische und den Raum für Heiligabend."

Immer traf man ein munteres Grüppchen mit viel Freude, Spaß und regem Treiben im Gemeindehaus an. Plätzchenduft stieg allen in die Nase. Die Heiterkeit war ansteckend. So ging das wochenlang. Aufbauen, Abbauen, Aufräumen, Kochen, Basteln … Eine ursprünglich kleine, jetzt aber große Familie war miteinander am Werk. Wie viele Einzelne gehörten dazu! Wie viele bekamen zu spüren: Wir gehören dazu, wir haben Familie.

Weihnachten war vorüber. Silvester rückte näher. Längst waren sie ein eingeschworenes Team, immer offen für Neue und Neues. So hatten sie kurz vor Weihnachten beschlossen: Silvester geht klar. Wir machen etwas zusammen! Die Feier wäre sonst in diesem Jahr ausgefallen, denn das alte Team stand nicht zur Verfügung.

Und dann wurde Silvester ein voller Erfolg. Erst der Gottesdienst. Danach eine bunte Feier. Es kamen andere Menschen als an Heiligabend. Nach der ausgelassenen Feier dann ein besinnlicher Übergang vor Mitternacht in der Kirche. Anschließend Feuerwerk draußen und Glockengeläut. Sektkorken knallten.

Am nächsten Tag wurde aufgeräumt. Die kleine Ursprungsfamilie leitete an, leitete durch, hatte alle im Blick. Beim anschließenden Resteessen am großen Mittagstisch hieß es: „So, und nun wollen wir aufhören, auf Schwächen herumzureiten, die jemand hat. Vielmehr wollen wir uns auffangen, stützen, tragen, statt uns gegenseitig niederzumachen. Nur so können wir stark sein und einander auf die Beine helfen!"

Silvester war vorbei und alle dachten: Das kann nicht das Letzte gewesen sein. Wir machen weiter! Auf zu neuen Ufern!

So entstand eine familiäre Gruppe. Das Besondere war: Praktisches Tun, Beten und Bibellesen, Feiern und Alltag verbanden sie in großer Selbstverständlichkeit miteinander.

Die kleine Familie blieb der Mittelpunkt, von ihr gingen immer wieder neue Impulse aus. Neues wurde angestoßen. Es entwickelte sich eine Gemeinschaft, die in ihrer Mitte und an ihren Rändern Menschen hat, die einst „ungetröstete Kinder" waren. Menschen, die Nestwärme und herzliche Fürsorge entbehrt hatten, die jetzt miteinander erfuhren: Gott hat uns eine Familie geschenkt, Trost für unsere Herzen, Glaube für unser Dasein, Wärme für unser Gemüt. Wir können satt werden an Leib und Seele. Wir erleben die

Freude, gebraucht zu werden, angenommen, ja getröstet zu sein.

Wir erleben die Freude, gebraucht zu werden, angenommen, ja getröstet zu sein.

Auch für die Gemeinde brachte es neues Leben mit sich – von außen, von innen und von unten herauf. Und zugleich entdeckte sie, wie reich man dadurch wird, wenn Menschen beieinander Trost finden und darin etwas von Gottes Wesen anschaulich machen: „Ich will euch trösten, wie einen seine Mutter tröstet." Gott.

Monika Deitenbeck-Goseberg ist Pfarrerin in Lüdenscheid.

MICHAEL DIENER

Getröstet leben – getröstet sterben

Es hatte sich merklich etwas verändert, an diesem 75. Geburtstag. Obwohl sich, wie bei früheren Anlässen, die Führungsriege der kleinen Stadt die Klinke in die Hand gab und „Speis und Trank" im Überfluss vorhanden waren, wollte sich die fröhliche und gediegen ausgelassene Stimmung dieses Mal nicht so recht einstellen.

Der plötzliche Tod seiner Frau vor über zwei Jahren setzte dem Jubilar noch immer sehr zu. Es hatte einiger Überzeugungskraft seiner Kinder bedurft, um das Geburtstagskind überhaupt zu dieser Feier zu überreden. Aber nun waren alle gekommen. Es ergaben sich die üblichen zwanglosen Gespräche – und doch lag ein fühlbarer Schleier der Trauer über der Gästeschar. Ich war deshalb geradezu erleichtert, als mich der Gastgeber beim Verabschieden eindringlich um meinen baldigen Besuch bat.

Als wir uns noch im gleichen Monat wiedertrafen, saß mir ein Mann gegenüber, der mir mit festem Blick entgegensah. Kaum waren die üblichen Begrüßungssätze gewechselt, forderte er mich auf: „Herr Pfarrer, erzählen Sie mir von Ihrem Gott! Ich weiß, wie man lebt, aber nun will ich sterben lernen."

„Ich weiß, wie man lebt, aber nun will ich sterben lernen."

In den folgenden wertvollen Begegnungen entdeckte der aufrechte Protestant immer mehr von den Kostbarkeiten des christlichen Glaubens. Und wie ein Schlüssel, der eine schon lange nicht mehr geöffnete Tür endlich wieder aufschließt, drang die Liebe Gottes in sein Herz. Die Begegnung mit Jesu Leben und Sterben berührte ihn. Die biblischen Geschichten wurden ihm so wichtig, dass so manches Mal die Zeit nicht reichte, um alle Fragen zu klären und alle Erkenntnisse auszutauschen. Einmal schaute er mich schmunzelnd an und sagte: „Wissen Sie noch? Ich wollte sterben lernen und nun lebe ich ganz neu und anders!"

Wirklich anders, denn der Familie und seinen Freunden blieb die Veränderung nicht verborgen. Über Jahre schwelende Streitigkeiten wurden großzügig ausgeräumt, das beträchtliche Vermögen freigiebig und transparent an die Familie verteilt. Er verkaufte das herrschaftliche Haus und zog willig und klaglos in eine kleine Wohnung im betreuten Wohnen einer nahe gelegenen Senioreneinrichtung. Vor allem aber war an die Stelle der bitteren Traurigkeit eine dankbare Gelassenheit getreten, die seine Gäste ein ums andere Mal neu staunen ließ. Selbst die Krebsdiagnose, von der er von Anfang an wusste, dass sie „seine Krankheit zum Tode" sein würde, konnte daran nichts ändern.

„Ich kann loslassen, weil Gott mich hält!" Diesen Satz, den er in einer christlichen Biografie gelesen hatte, wiederholte er immer wieder – und lebte ihn. Ja, es gab auch schwierige und dunkle Tage, aber an denen waren Kinder, Enkel und Freunde da, die ihm ein wenig von dem zurückgaben, was er ihnen in den vergangenen Jahren an Liebe, Großmut und Trost geschenkt hatte.

„Nur noch eine Station weiter!", so konnte er manchmal an guten Tagen fast erwartungsvoll von seinem Tod sprechen. Er hatte eine tiefe Sehnsucht nach seiner Frau und einem ewigen Leben in der Gegenwart des Jesus Christus, der sein Leben so grundlegend verändert hatte. Bis zuletzt blieb er interessiert und aufmerksam, wenn Menschen ihr Leben mit ihm teilten. Bei der Trauerfeier, die er selbst bis ins kleinste Detail vorbereitet hatte, stand das gewaltige Wort des Paulus im Mittelpunkt: „Denn Christus ist mein Leben und Sterben ist mein Gewinn!"

Dr. Michael Diener ist Präses des Evangelischen Gnadauer Gemeinschaftsverbands, Kassel.

Tabea Dölker

Gottes Muttersprache

Mütter und Väter sind unvernünftige Menschen. Freilich haben sie auch Verstand, aber Mütter und Väter kennen die Sprache des Herzens, die Liebe. Es gibt Zeiten, da fällt diese Sprache schwer, weil Herzen schwer werden. Beziehungen sind belastet durch Kummer, Sorgen, Unvernunft, Schuld. Schwere Herzen – was gibt es da nicht alles für Gründe?

Sonntagnachmittag. Klar, die jungen Leute unternehmen wieder etwas miteinander. Sie sind Freunde, seit ihrer Kindheit kennen und verstehen sie sich. Gutgelaunt wird darüber diskutiert: Wer fährt heute?

Ist es nur die zu hohe Geschwindigkeit oder ist der Fahrer auch einen Wimpernschlag lang abgelenkt? Plötzlich ist nichts mehr so, wie es vorher war. Der Unfall auf der kurvenreichen Strecke hat mehr als einen von ihnen das Leben gekostet. Der Fahrer ist unverletzt geblieben.

Monate später findet die Gerichtsverhandlung statt. Seit ihre Kinder klein waren, kennen sich die im Gerichtssaal sitzenden Mütter. So vieles verbindet sie: früher das Spielen im Sandkasten, aufgeschlagene Knie, Elternabende, gemeinsame Unternehmungen. Und jetzt verbindet sie dieses furchtbare Geschehen an jenem Sonntagnachmittag.

Auf der Anklagebank vor dem Richtertisch sitzt der junge Mann, der das Auto gefahren hat. Eingefallen sieht er aus und schmal ist er geworden. Sie sind ein Leben lang Freunde gewesen. Jetzt sitzt er, der Schuldige, den Eltern seiner toten Freunde gegenüber. Er wird sein Tun niemals rückgängig oder wiedergutmachen können. Während der Verhandlung ist die Stimmung im Saal geprägt von Verlust und Trauer, von Entsetzen und Verbitterung.

Als der Verteidiger die Anwesenden im Saal fragt, ob denn nicht auch von ihnen schon mal jemand zu schnell gefahren sei, könnte man eine Stecknadel fallen hören. „Dann", so fährt er fort, „seien Sie dankbar, dass es nicht zu solch schlimmen Folgen gekommen ist. Wer ohne Schuld ist, der werfe den ersten Stein!"

Wem von den Beteiligten wird das Urteil gerecht werden können? Die an der Urteilsfindung Beteiligten beraten intensiv darüber. Wie das Urteil auch ausfällt, es wird niemanden zurückbringen. Nichts kann dadurch heilgemacht werden.

Das Urteil ist verkündet. Ratlos, mit aufgewühlten Seelen stehen die Angehörigen von ihren Stühlen auf. Da kommt eine Mutter nach vorne zum Richtertisch. Sie setzt sich zu dem schuldigen jungen Mann auf die Anklagebank, nimmt ihn liebevoll in ihre Arme und weint mit ihm. Es ist die Mutter seines toten Freundes.

Die Mutter setzt sich zu dem schuldigen jungen Mann auf die Anklagebank und nimmt ihn liebevoll in die Arme.

Wochen später wird die Mutter gefragt, wie es zu dieser, für die Menschen im Gerichtssaal nahezu unvorstellbaren Geste gekommen sei. Nachdenklich antwortet sie: „Ich kenne doch die Freunde meines Sohnes von klein auf und habe sie immer gerngehabt. Und irgendwie gehört er doch zu meinem Buben, auch wenn er schuldig ist. Außerdem hätte es ja sein können, dass mein Sohn gefahren wäre. Deshalb kann ich diesem Jungen doch nichts Böses wünschen."

Diese Muttersprache der bedingungslosen Zuwendung ist die Sprache des liebenden Herzens. Auch über tiefste Abgründe hinweg kann sie Brücken bauen. Es ist Gottes Muttersprache. Er beugt sich zu seinen Kindern herab wie eine Mutter und wie ein Vater. Jesus Christus ist diese liebende Zuwendung Gottes in Person. Er nimmt uns in seine Arme und sagt uns: „In dieser Welt müsst ihr viel Leid aushalten – aber seid getrost, verliert nicht den Mut: Ich habe diese Welt besiegt."

Wie gut tut es, sich in dieser bedingungslosen Liebe geborgen zu wissen. Und was für ein Trost, darauf vertrauen zu können, dass bei allem was auf uns zukommen mag, Jesus Christus auch dem Schlimmsten, dem Tod, die Macht genommen hat.

Tabea Dölker, Holzgerlingen, ist Pädagogin, Referentin und Mitglied im Rat der EKD.

Eckhard Gorka

Bewährter Trost

Ein Kind wacht mitten in der Nacht aus einem schweren Traum auf. Scheinbar allein und von nächtlicher Dunkelheit umgeben, fühlt es sich einer namenlosen Angst ausgeliefert. Die vertrauten Umrisse der Wirklichkeit sind verwischt, ja unsichtbar. Aber die Mutter kommt und nimmt das Kind in ihren Arm und wiegt es, wie es alle Mütter auf der Welt immer schon tun. Sie macht das Licht an und ein warmer, Sicherheit verheißender Schein umgibt sie und das Kind.

Vermutlich klingen auch die Worte der Mutter überall auf der Welt ähnlich: „Alles ist gut. Hab keine Angst. Alles ist in Ordnung." Vielleicht schluchzt das Kind noch ein paarmal auf. Aber allmählich kommt es doch zur Ruhe und kann schließlich wieder einschlafen. Eine menschliche Urerfahrung, die hoffentlich jeder schon einmal gemacht hat. Ein Geschenk.

Wenige Jahre nach der Rückkehr aus der babylonischen Gefangenschaft ist die Lage des Volkes Israel in jeder Hinsicht bedrängt: Nur eine kleine Gruppe der Exilierten ist bisher aus Babylon nach Jerusalem zurückgekehrt. Die Menschen leiden unter der wirtschaftlichen Not und der politischen Unsicherheit. Zwar wurden in Jerusalem bereits die Fundamente für einen neuen Tempel gelegt, aber der Bau kommt nicht recht voran. Die Hoffnung auf einen wirklichen und grundlegenden Neuanfang hat sich bislang nicht erfüllt. Enttäuschung macht sich breit und legt sich wie Mehltau auf die Seelen. Der Glaube sieht sich mehr als einmal infrage gestellt.

In diese insgesamt deprimierende Lage hinein spricht ein uns unbekannter Prophet, den wir den dritten Jesaja nennen, im Namen Gottes das Wort, das unsere Jahreslosung ist: „Ich will euch trösten, wie einen seine Mutter tröstet."

Dieses Jesajawort hat für die biblische Rede von Gott eine besondere Bedeutung: Zum ersten Mal wird hier von Gott wie von einer Mutter gesprochen. Der Prophet überträgt den menschlichen Urvorgang, dass eine Mutter ihr Kind tröstet, auf Gott: Was ihr aus eurer eigenen frühen Lebenserfahrung kennt, das dürft ihr für euch von Gott erwarten. Einen Trost, der euch wieder Grund und Halt gewinnen lässt. Und Zuversicht für morgen. Einen Trost, der euch schlafen und getrost aufstehen lässt.

In unserer Sprache klingt das Wort „Trost" schnell nach Vertröstung. Wir sprechen dann von „billigem Trost", der es sich zu leicht macht, weil er die harte Wirklichkeit einfach überspringt. Wer lässt sich schon gerne so vertrösten? Auch der biblische Hiob nennt seine Freunde, die ihm mit frommen Worten kommen, „leidige Tröster". In gutem Willen und mit theologisch an sich richtigen Worten verfehlen sie doch Hiob und seine Situation total. So einfach kann und will sich Hiob nicht trösten lassen: „Wollen die leeren Worte kein Ende haben?", klagt er (Hiob 16,3). Was Hiob braucht, ist Trost von Gott selbst.

Wirklicher Trost muss sich an der Wirklichkeit bewähren. So wie sie jeweils konkret ist. Manchmal besteht er nur im gemeinsamen Aushalten dessen, was ist. Ganz ohne Worte.

Vielleicht nur mit einer Geste. Einer Hand auf der Schulter. Und im Ausschauhalten nach einer neuen Gotteserfahrung. Versuchen, die Welt für Gott offen zu halten, weil von ihm und mit ihm allein der wahre Trost kommt.

Wir dürfen uns die Frage des bekannten Adventsliedes zu eigen machen: „Wo bleibst du, Trost der ganzen Welt?“ In der dunklen Zeit des Dreißigjährigen Krieges hat Friedrich Spee diese Frage gestellt und den Wunsch geäußert, Gott möge den Himmel zerreißen, um selbst mit seinem Trost zu kommen. Damit hat er ein anderes Wort des dritten Jesaja aufgenommen.

Nicht nur die Hiobs aller Zeiten brauchen Trost. Die Welt insgesamt ist trostbedürftig, weil sie noch nicht so ist, wie Gott sie gedacht hat.

Als Christen bekennen wir, dass Gott selbst in Jesus unser ganzes Leben mit seinen Höhen und vor allem seinen Tiefen geteilt hat. Jesus hat in seiner Antrittspredigt in Nazareth (Lukas 4) die Botschaft des Jesaja aufgenommen und in seiner Seligpreisung die Verheißung des Propheten erneuert: „Selig sind, die Leid tragen; denn sie sollen getröstet werden“ (Matthäus 5, 4). Durch Brahms Requiem hat diese Seligpreisung Jesu ihre Stimme, ihre Musik gewonnen und sich so vielen Trostbedürftigen eingeprägt.

Mit Jesu „Selig“ wird das Leid nicht verklärt oder fromm übertüncht. Es wird mit der Zukunft von Gottes Trost zusammengesprochen und verschränkt. Eine neue Perspektive tut sich auf. Wie die Mutter, die in der Nacht ihr Kind tröstet und mehr sagt, als sie selbst mit ihrer eigenen Erfahrung oder ihren Möglichkeiten abdecken kann, hat Jesus auf Gott und seinen kommenden Trost gesetzt. Zeichenhaft hat er die Zukunft Gottes vorweggenommen und seinen Trost aufleuchten lassen.

Der letzte Trost für alle, die Trost suchen, und für diese Welt steht noch aus. Und doch gibt es auch die Erfahrung, dass Gott uns schon jetzt alltäglich nahe ist – auch in menschlichen Worten und Gesten. Oft verborgen und doch wirklich. „Ich will euch trösten, wie einen seine Mutter tröstet."

Wir sind nicht nur trostbedürftig, sondern auch trostfähig.

Wir bleiben darauf angewiesen, dass Gott sein Versprechen immer wieder neu wahr macht. Dazu kann er auch unser gegenseitiges Trösten gebrauchen. Wir sind nicht nur trostbedürftig, sondern auch trostfähig. Wunderbar!

Eckhard Gorka, Hildesheim, ist Landessuperintendent in der Ev.-luth. Landeskirche Hannovers.

Noor van Haaften

Belebe mich nach deinem Wort

Am Silvesterabend 2014 saßen wir zu viert in meinem Haus am offenen Kamin und blickten auf das Jahr zurück, das nun zu Ende ging. Mein britischer Schwager hatte einen jeden von uns gebeten zu erzählen, an welche Höhepunkte und Tiefpunkte im zu Ende gehenden Jahr wir uns erinnerten. Über den Tiefpunkt mussten wir nicht lange nachdenken. Der war im Sommer gewesen.

Das Jahr hatte für uns Niederländer gut angefangen. Bei den Olympischen Winterspielen im russischen Sotschi erlebten wir einen wahren Medaillenregen. Am 26. April feierten wir unseren ersten „Königstag". Und es gab noch weitere Ereignisse, die einfach schön waren. Dann kam der 17. Juli 2014, der Tag, an dem das Passagierflugzeug MH17 von der Fluggesellschaft Malaysian Air über der Ukraine abgeschossen wurde. Von den insgesamt 298 Passagieren, die umkamen (darunter 80 Kinder), waren 196 Niederländer. Es war eine Katastrophe, die unser Land in tiefe Trauer versetzte. Als die ersten vierzig Fahrzeuge mit den Körpern der Opfer vom Militärflughafen Eindhoven zum Forensischen Institut in Hilversum fuhren, standen Tausende am Weg und auf den Autobahnbrücken, um ihr Mitgefühl und Beileid zu bezeugen.

Es blieb im Sommer 2014 nicht bei dieser einen Katastrophe. Bald kamen die ersten Nachrichten des Aufmarsches des IS in Irak und in Syrien. Wir sahen Bilder von Menschen, die kurz vor ihrer Enthauptung standen. Wir hörten von Tausenden Jesiden, die Haus und Hof überstürzt verlassen mussten und sich ins Sinjar-Gebirge im Irak zurückgezogen hatten, wo sie in brennender Hitze auf Hilfe warteten, die für viele zu spät kam. In Nigeria hielt Boko Haram Hunderte Mädchen gefangen. Im Gazastreifen eskalierte die Gewalt, sodass über 2000 Menschen starben.

In Westafrika forderte der Ebola-Ausbruch seine ersten Opfer. In den Gewässern zwischen Afrika und Südeuropa trieben afrikanische Flüchtlinge auf wackligen Booten und hofften auf Rettung. Die Organisation Open Doors berichtete von zunehmend schweren Christenverfolgungen weltweit.

In Italien gab es Erdrutsche und Überschwemmungen. Und in meinem Nachbarort Amersfoort erfuhren zwei Elternpaare, dass ihre beiden Töchter in Panama ums Leben gekommen waren. Im Dschungel waren menschliche Überreste gefunden worden, die den Tod der Mädchen bestätigten.

Im Sommer 2014 war die Obsternte in meinem Garten überwältigend groß. Am Tisch auf meiner Terrasse wurde gegessen, geredet und gelacht. Viele Hände packten mit an: Es wurden Pflaumen entsteint, Johannesbeeren verarbeitet und im Spätsommer Äpfel und Beeren geschält. Wir kochten unglaubliche Mengen von Marmelade und verzierten die Gläser mit fröhlichen Etiketten und die Deckel mit Stoffhütchen. Es waren schöne, entspannende Stunden, die aber das Unheil außerhalb der eigenen vier Wände nicht ungeschehen machten.

Während ich in diesem Sommer Texte für einen Bildband zum Thema Trost und Ermutigung schrieb, kämpfte ich gegen ein zunehmendes Gefühl von Schwermut an. Die Welt um mich herum stand in Flammen, die Not war überwältigend groß. Es war, als leitete der Sommer eine neue Phase ein: Der Teufel war los.

An jenem Silvesterabend erzählte ich meinen Freunden, wie mir im vergangenen Sommer zumute gewesen war, als sich die Katastrophen häuften und so viele Menschen Gefahr und schwerem Leiden ausgesetzt waren. Es hatte mir sehr zu schaffen gemacht, Gottes Allmacht und Liebe mit dem Weltgeschehen in Einklang zu bringen. Natürlich weiß ich, was wir zu erwarten haben: schwere Zeiten, die – so hat Jesus gesagt – ein Vorzeichen seiner Wiederkunft sind (Matthäus 24,8). Man kann, so meinte jemand, in der Not um uns herum schon die Fußstapfen des nahenden Messias spüren. Und doch war mir 2014 manchmal der Gedanke gekommen: Herr, wo sind die Grenzen des Bösen? Warum greifst du nicht ein?

Manchmal kam mir der Gedanke: Herr, wo sind die Grenzen des Bösen? Warum greifst du nicht ein?

Meine Schwester stimmte mir zu. Es war ihr genauso ergangen – die Ereignisse in jenem Jahr hatten sie fast erdrückt. Wir beide erkannten uns in den Worten aus Psalm 44,22: „*Denn unsere Seele ist in den Staub gebeugt.*“

Mein Schwager bat mich um eine Bibel und schlug Hiob 38 auf, wo Gott zu seinem Freund, der trotz seines starken Gottesvertrauens auch Zeiten der Verzweiflung kannte, aus einem Gewittersturm sprach: „*Wo warst du, als ich den Grund der Erde legte? Sprich es aus, wenn du Bescheid weißt! Wer hat ihre Maße bestimmt?*“ Wir lasen das ganze Kapitel zu Ende und dann wurde es still. Denn Gott, der Allmächtige, hatte gesprochen und wir wussten wieder: Wenn wir Dinge nicht verstehen, haben wir nicht das Recht, Gott zur Verantwortung zu ziehen oder zurechtzuweisen (vgl. Hiob 40,1-2). Wir sollen still sein und Vertrauen lernen. Und Gehorsam. Denn in dieser kaputten Welt sind wir als Kinder Gottes dazu berufen, auszuharren und ihm zu dienen, wie und wo wir können.

Das Lesen im Buch Hiob am Silvesterabend 2014 tröstete mich. Als wir dann miteinander beteten, war es, als würde ich befreit vom Staub der Erde und neu aufgerichtet. Es ist so tröstlich zu wissen, dass es einen gibt, der alles weiß und nicht loslässt, was seine Hand begonnen hat. Es tut einfach gut zu wissen, dass wir auf dieser Erde nicht uns selbst überlassen sind, sondern mit seinem Beistand und Trost rechnen dürfen. Das galt nicht nur 2014, es gilt für alle Zeiten, bis Jesus wiederkommt. Bis dahin sind wir herausgefordert, uns aufzurichten und unsere Köpfe zu erheben, weil wir ihn und sein Reich erwarten (Lukas 21,28).

Eleonore (Noor) van Haaften ist gebürtige Niederländerin. Sie ist Referentin bei Bibelwochen und Freizeiten; ihre Bücher wurden in mehrere Sprachen übersetzt.

ROLF HILLE

Tröstungen in dunkler Zeit

Lange Jahre war die Welt für meine Frau und mich ganz in Ordnung. Natürlich ist auf Gottes Güte und Gerechtigkeit Verlass. Er hält alles in der Hand und in guter Ordnung. So dachten nicht nur wir beide, so dachte auch schon Asaph, der Beter des 73. Psalms. Aber dann kam die große Enttäuschung. Und zwar knüppeldick.

Den Schurken in Asaphs Umgebung geht es glänzend. Die genießen unbeschwert das Leben. Sie sind reich und glücklich. Aber er, der fromme Jude, leidet wie ein Hund. Wo ist Gott jetzt? Das ist unfair, Gott, ruft er und möchte die Tür des Glaubens hinter sich zuschlagen. Was soll's? Gott ist abwesend. Asaph kann sich keinen Reim auf all das Unglück und die Katastrophen machen.

So jämmerlich fühlten auch wir uns, als unser älterer Sohn psychisch krank wurde. Klinikaufenthalte. Hoffen und Bangen. Schließlich der Suizid in einer Psychose. Gerade als Pfarrer und Theologe verstand ich die Welt nicht mehr. „So sann ich nach, ob ich's begreifen könnte, aber es war mir zu schwer", sagte Asaph. Und ich stimmte ihm zu.

Ab dann – ganz unten in der Tiefe – ging mir Schritt für Schritt ein Licht auf. Vom Psalmbeter ließ ich mich bei der Hand nehmen und erhielt Tröstungen, die mich bis heute begleiten und tragen.

Zuerst: Asaph klagt. Er beschönigt nichts. Er schreit seine Not schonungslos hinaus. Er wirft den Bettel seines Elends Gott vor die Füße. Das hilft mehr als jede „Schreitherapie".

Er hat eine Adresse, an die er ohne Rücksichten seine Klage richten kann. In dieses Klagelied haben meine Frau und ich eingestimmt. Vor Gott können wir sein wie wir sind. Ihm können wir unsere Trauer, unser Unverständnis und unsere Enttäuschung hinwerfen. Ohne fromme Verklausulierung, ohne theologische Absicherung. Einfach mit ihm so reden, wie es uns ums Herz ist. In solcher Offenheit und Ehrlichkeit liegt großer Trost.

Bei Asaph gab es dann eine unglaubliche Wende inmitten seiner Seelenqualen. Viele, die wie er am Boden liegen, verkriechen sich in ihrem Schmerz. Sie lassen niemand an sich heran und auch niemand in ihr Leid hinein. Bei Asaph war das anders. Seine Lebenswende beginnt mit dem Satz: „Bis ich ging in das Heiligtum Gottes …“ Er begibt sich in den großen Strom der Pilger, die zum Zion, zum Tempelberg hinaufziehen. Er feiert den Gottesdienst.

Ganz neu hörte ich die Lieder, die Lesungen, die Gebete, den Segen.

Das habe ich auch getan. In der Nacht von Freitag auf Samstag ist unser Sohn gestorben. Und dann saß ich am Sonntag in unserer Derendinger Dorfkirche im Gottesdienst. Wie oft stand ich selbst als Liturg am Altar und als Prediger auf der Kanzel?! Neue Informationen habe ich nicht erwartet. Nein, es war zuerst und vor allem die tröstliche Gemeinschaft der Kinder Gottes. Ich fühlte mich mitgetragen. Ganz neu hörte ich die Lieder, die Lesungen, die Gebete, den Segen. Diese Worte nahmen mich mit in die Gegenwart Gottes. In ihnen lag eine starke Kraft zu trösten und aufzurichten. Christus, dessen Kreuz über dem Altar hing, war bei mir. Er, der große Schmerzensmann, berührte als Dulder meine Seele.

Keiner muss in seiner Anfechtung draußen vor der Tür bleiben. Gerade dann, wenn es dunkel in uns ist, sind wir in die helle und wärmende Gemeinschaft der Kinder Gottes eingeladen.

Aber der Tempelgottesdienst war für Asaph noch nicht das Ende des Trostes. Im Blick auf das Glück der Gottlosen gehen ihm schließlich die Augen auf: „...und ich merkte auf ihr Ende." Dieser Trost, der weit über dieses Leben hinausreicht, schenkt Frieden, der höher ist als alle Vernunft.

Es gibt einen unglaublich kühnen Satz des Apostels Paulus im 8. Kapitel des Römerbriefes: „Ich bin überzeugt, dass dieser Zeit Leiden nicht ins Gewicht fallen gegenüber der Herrlichkeit, die an uns offenbart werden soll." Das stimmt. Paulus war ein Experte hinsichtlich der „Leiden dieser Zeit". Was musste dieser Mann im Laufe seiner Missionsarbeit nicht alles durchmachen! Aber er ist für uns auch ein Experte der Herrlichkeit. Ihm ist der Lichtglanz des Christus vor Damaskus erschienen. Und weil er für beides, für Leid und Herrlichkeit, Augenzeuge ist, kann man seinem Trostwort vom Übergewicht der Herrlichkeit vertrauen.

Auch diesen Trost haben wir selbst durchbuchstabiert. Im Blick auf den Tod unseres Sohnes – und schon einige Jahre vorher, als sich meine Frau wegen eines gutartigen Gehirntumors operieren lassen musste. Am Vorabend der OP saßen wir im Stationsflur des Krankenhauses. Wir beteten und feierten das Abendmahl miteinander. Dann sagte meine Frau mit Tränen in den Augen und dennoch getröstet: „Wenn ich aus dieser Operation nicht mehr erwache, dann sehen wir uns in der Ewigkeit wieder."

Ja, durch Gottes Hand gehalten und nach seinem Rat

geleitet, können wir getrost leben und zuversichtlich sterben.

Dr. Rolf Hille ist Pfarrer i. R. und Honorarprofessor für Systematische Theologie an der Freien Theologischen Hochschule in Gießen.

Eva Hobrack

Komm mal her zu mir!

Unvermutet hatte ich sie in der Stadt wiedergetroffen: eine Freundin aus der Studienzeit. Wir waren früher recht eng verbunden gewesen, hatten in unserer Ausbildung Freud und Leid miteinander geteilt und uns gegenseitig im Glauben Mut gemacht. Dann trennten sich unsere Wege und mit der Zeit wurde auch unsere Verbindung immer lockerer. Jahrelang hatten wir kaum etwas voneinander gehört. So war die Wiedersehensfreude groß und bald saßen wir in einem Café, frischten Erinnerungen auf und tauschten Aktuelles aus unseren Familien aus.

„Wie geht es deinem Glauben?" – Ich weiß es selbst nicht, warum mir diese Frage in einer Gesprächspause über die Lippen kam. Aber meine Freundin sah mich an, als hätte sie darauf gewartet.

„Ich muss dir etwas erzählen, das ich in der vorigen Woche erlebt habe. Es knüpft an eine Erfahrung, die ich mit unserem Helmut gemacht habe, als er fünf Jahre alt war. Du weißt ja, dass ich damals krank war und längere Zeit im Krankenhaus lag. Am Entlassungstag bekamen wir Besuch von Bekannten, die nicht gewusst hatten, dass ich gerade nach Hause gekommen war.

Während wir miteinander erzählten, wurde unser Sohnemann immer auffälliger. Sein lautes Spielen mündete schließlich in Toben. Er ließ sich trotz mehrfacher Ermahnungen davon nicht abbringen. ‚Nein, ich höre nicht auf!', schrie er plötzlich laut und stampfte mit dem Fuß auf. Das war eigentlich richtig ungezogen, aber ich wusste, was los war.

Bevor die Lage weiter eskalierte, stand ich auf und ging mit ausgebreiteten Armen auf unseren Jungen zu: ‚Komm mal her zu mir!' Ich nahm ihn auf den Arm und drückte ihn fest an mich: ‚Ich hab dich lieb und ich bin jetzt da und bleibe bei dir.' Unter meinem Streicheln und guten Zureden ging sein trotziges Weinen in Schluchzen über und endete mit einem tiefen Seufzer.

Diese kleine Begebenheit aus dem Alltag mit unseren Kindern mag banal sein, aber sie hat mich lange beschäftigt. Wie wichtig sind doch für ein Kind die Erfahrung liebevoller Nähe und der Trost durch persönlichen Zuspruch. Und wie oft mag auffälliges Verhalten von Erwachsenen im tiefsten darin begründet sein, dass solche Zuwendung chronisch gefehlt hat."

Meine Freundin machte eine kleine Pause, um mit einem fast schelmischen Lächeln fortzufahren: „Und nun bin *ich* ‚auffällig' geworden. Ich sagte dir ja, dass ich gerade aus dem Urlaub komme. Ich war regelrecht aus meinem Alltag geflohen, weil ich eine Auszeit brauchte. Das letzte Jahr war schwierig, es begann mit der Pflege meiner Mutter. Als sie dann starb, war das zwar eine Entlastung, aber der Verlust war doch schmerzlich. Außerdem standen ernste Fragen an mich und mein Leben aus der Vergangenheit plötzlich auf, und ich fand keinen Frieden. Die Grippewelle im Herbst brachte mir durch Erkrankung mehrerer Kollegen ein Übermaß an Diensten ein. Hinzu kam der Kummer, den unsere Tochter uns bereitet hat … Kurz und gut: ich fühlte mich wie ausgebrannt, müde und leer. Ich war traurig und mutlos, weil auch Beten scheinbar nichts half. Aber ich konnte ein paar Tage freinehmen und fuhr kurzentschlossen hierher zum Ausspannen.

Ich hab mich mal richtig ausgeschlafen und bin viel spazieren gegangen. Am vergangenen Sonntag besuchte ich einen evangelischen Gottesdienst. Etwas verloren kam ich mir in meiner Kirchenbank vor – mich kennt ja hier niemand. Da entdeckte ich plötzlich ein Bibelwort, das wie ein Spruchband an die Wand hinter dem Altar aufgeschrieben war: ‚Kommet her zu mir alle, die ihr mühselig und beladen seid; ich will euch erquicken.'

Es traf mich mitten in mein trauriges Herz. Mir war, als würde Jesus das persönlich zu mir sagen. Die kleine Begebenheit damals mit Helmut fiel mir ein und wie ich zu ihm sagte: ‚Komm mal her zu mir, ich bin doch für dich da.' Ich fühlte mich wie von Jesus in den Arm genommen. Meine Anspannung löste sich und mir war, als fiele eine schwere Last von mir ab. Friede und Zuversicht kehrten ein.

Ich fühlte mich wie von Jesus in den Arm genommen.

Später beim Abendmahl vertiefte sich das. Noch nie habe ich es als solch starken Trost empfunden, dass Jesus mir in Brot und Wein so greifbar nahekommt. Du weißt, ich bin kein Freund von frommen Worten. Aber es ist wie ein neu entdecktes Geheimnis: ich in Christus und er in mir.

Wenn ich morgen in meinen Alltag zurückkehre, möchte ich die freundliche Einladung von Jesus weiterhin täglich in Anspruch nehmen – zu meiner eigenen Entlastung. Ich glaube, dann kann ich auch selbst anderen Menschen tröstliche Hilfe zuteilwerden lassen, ohne selbst auszubrennen."

Dr. Eva Hobrack, Wittenberg, ist Fachärztin i. R. für Innere Medizin und Lungenheilkunde.

Frank Otfried July

Ein tröstliches Abendlied

„Wo fänd ich Trost, wärst du, mein Gott, nicht hier?
*Hilf dem, der hilflos ist: Herr, bleib bei mir!"**

Dieses schöne Abendlied, übertragen aus dem Englischen, spricht vom Trost, der in diesem Lied nur bei Gott zu finden ist. Es verbindet in ganz eigener Weise und sehr anrührend die Fragen nach dem Trost mit Gott.

Vieles sieht so trostlos aus in unserer Welt. Zerstörte Häuser in Kriegsgebieten, verlassene Städte und Landschaften nach Katastrophen; Kindersoldaten mit leeren Augen; Menschen, die von anderen benutzt und erniedrigt werden; Frauen und Männer, die keinen Weg mehr sehen und trostlos sind. „Wo bleibst du, Trost der ganzen Welt?", heißt es in dem Adventslied „O Heiland, reiß die Himmel auf".

Die biblische Sprache unserer Jahreslosung weiß von der großen Menschensehnsucht nach Trost. Der Prophet Jesaja verstummt nicht, sondern breitet das Wort des Trostes wie einen bergenden, wärmenden Mantel über die Schultern der Fragenden, Bittenden, Suchenden aus, als ob er sagt: „Denkt an eure ersten Erfahrungen im Leben zurück. Die Mutter

* „Bleib bei mir, Herr! Der Abend bricht herein", Text von Theodor Werner 1952 nach dem englischen „Abide with me" von Henry Francis Lyte 1847.

trägt euch, hebt euch auf, tröstet euch, wenn ihr weint." Dass es Menschen gibt, die unter dem Trauma eines solch fehlenden Muttertrostes leiden, zeigt, wie wichtig solcher Trost ist.

Jesaja richtet die Worte damals an die Israeliten, die sich nach ihrer Heimat sehnen. Jerusalem wird die Stadt sein, in der sie getröstet werden sollen.

Das Bild Gottes „wie eine Mutter" begegnet uns noch öfter im Jesajabuch. Es zeigt eine zärtliche, mütterliche Erfahrung der Gotteswirklichkeit: Gottes Geleit und Zuspruch führen über Schmerztiefe und wankenden Boden, über Vergeblichkeitserfahrung und tiefe Enttäuschung. Man kennt die Redewendung: Ach, das ist doch nur eine Vertröstung. Jemand fühlt sich vertröstet auf einen späteren Zeitpunkt. Vertröstung klingt nach schneller Entsorgung einer Problemsituation.

Wahrer Trost dagegen bedeutet, jemandem zu vertrauen. Daher rührt nämlich das mittelhochdeutsche Wort: von „treu" und „trauen". Wer Trost empfängt, der hat einen Menschen, an den er sich halten kann. Einen Menschen, der den Kummer mit aushält. Der in Zeiten von Angst und Sorge einfach nur da ist. Der sich auf meine Sorge einlässt und sie trägt und mit mir und für mich sorgt.

Jesus Christus am Kreuz. Das ist ein schweres Bild des Leidens. Aber es ist in Fortsetzung des Jesajawortes auch ein Bild der mütterlichen Sorge für mich. Er breitet die Arme für mich aus und trägt Lasten für mich.

Wer Trost empfängt, der hat einen Menschen, an den er sich halten kann.

Wer auf Gott vertraut, der erfährt Trost. Der Dichter des Kirchenlieds „Bleib bei mir, Herr", Henry Francis Lyte, hat mehrere Schicksalsschläge erlebt. Seine Eltern starben früh. Sein einziges Kind starb im Säuglingsalter. Und schließlich erkrankte er mit vierundfünfzig Jahren an Tuberkulose. Am Nachmittag nach seiner Abschiedspredigt schrieb er diese Worte: „Wo fänd ich Trost, wärst du, mein Gott, nicht hier? Hilf dem, der hilflos ist: Herr, bleib bei mir!"

In der Anwesenheit Gottes findet Lyte Trost. Die Worte erinnern an die letzten Worte Jesu am Kreuz: „Mein Gott, mein Gott, warum hast du mich verlassen?" Jesus selbst erlebt die größte Einsamkeit. Er sehnt sich nach Gottes Trost. Im Griechischen heißt „Trösten" *parakalein*, was so viel bedeutet wie „herbeirufen". Der Tröster ist der Herbeigerufene: „Herr, bleib bei mir".

Jesaja ruft das Bild des Trostes herbei: „Ich will euch trösten, wie einen seine Mutter tröstet." Noch einmal steht mir das Bild vor Augen: das weinende Kind, das schluchzt und sich kaum beruhigen kann. Da legt die Mutter warm die Arme um das Kind. Es atmet auf.

Mehr braucht es nicht, um Gottestrost im Menschenleben zu beschreiben. Eine Beschreibung, eine Erfahrung, eine Erinnerung, die weiterträgt.

Dr. h. c. Frank Otfried July ist Landesbischof der Evangelischen Landeskirche in Württemberg.

STEFFEN KERN

Trostworte für ein ganzes Leben

Wahrscheinlich werde ich diesen Anblick nie vergessen. Ich liege im Bett, es ist schon weitgehend dunkel. In meinem Kinderzimmer brennt kein Licht mehr, nur vom Flur fällt ein schwacher Lichtschein durch die halb geöffnete Tür herein. Die Spielsachen sind kaum zu erkennen, der Ball auf dem Schrank wirft einen großen dunklen Schatten an die Wand.

Neben meinem Bett stehen meine Eltern nebeneinander. Beide haben die Hände gefaltet. Ihre Gesichter sehe ich kaum, da das schwache Licht sie nur von der Seite bescheint. Aber ich weiß, sie haben die Augen geschlossen, und ich höre, wie sie reden. Sie beten mit mir. Und auch ich habe die Hände gefaltet und bete mit …

Es ist die immer wieder gleiche Szene, die sich an vielen Abenden in meiner Kindheit so oder so ähnlich abspielte. Meine Eltern beteten am Ende des Tages mit mir und legten den Tag zurück in Gottes Hand. Sehr häufig war Bestandteil dieses Gebetes das Lied von Paul Gerhardt, das sie mir ins Herz hineingebetet haben: „Befiehl du deine Wege …" Es ist ein Text, der viel mehr ist als nur eine Ansammlung von Worten. Er ist Bestandteil meines Lebens, meines Herzens, einer grundlegenden Haltung geworden. Meine Wege sind Gott, meinem Herrn, anbefohlen. Er ist der, der mich behütet und versorgt. In ihm bin ich geborgen, was auch immer kommen und wohin auch immer ich gehen mag. Genau diese Erfahrung habe ich als tiefen Trost erlebt.

Trost – das ist für mich mehr als das Abwischen von ein paar Tränen in einer bestimmten Situation. Trost ist mehr als die Umarmung einer Mutter, die ihr Kind in den Arm nimmt, wenn es einmal geschluchzt hat, wenngleich auch diese Erfahrung unendlich viel wert ist. Aber ich meine einen Trost, der über Stimmungen und einzelne Gefühlslagen weit hinausgeht. Er trägt mein Leben. Er begleitet mich in allen Tagen und Nächten. Ich bin diesem Herrn befohlen. Wenn er Wolken, Luft und Winden „Wege, Lauf und Bahn" gibt, dann wird er auch mich führen. Auf ihn will ich sehen. Auf ihn will ich vertrauen und hoffen. Von seiner Treue lebe ich.

Freilich habe ich diesen alten Text als Kind gar nicht ganz verstanden. Formulierungen wie „selbsteigne Pein" oder „sterbliches Geblüt" gehören nicht zum kindlichen Wortschatz. Und doch habe ich etwas gespürt und begriffen von der Tragweite dieser Worte und der Tragkraft dieser Hoffnung. Ich wurde ergriffen von dem Trost, den der Herr für mich bereit hat, der hier angesprochen wird. Immer und immer wieder habe ich diese Worte gehört, ich lag im Bett und habe mich hineingelegt in diesen Text und damit auch in Gottes Hand.

Meinen Eltern bin ich unendlich dankbar für diese Begleitung, für diese Gebete an jedem Abend, bevor ich schlafen ging. Wie wertvoll, dass ich dann Jahrzehnte später mit ihnen wieder dieses Lied in ihrem Alter beten durfte und darf. Was für ein Trost war das am Sterbebett meiner Mutter!

Meinen Eltern bin ich unendlich dankbar für diese Gebete an jedem Abend, bevor ich schlafen ging.

Es ist der große Wunsch meines Herzens und der Dienst meines Lebens, diesen Trost anderen weiterzugeben. Darum kann ich jedem nur ans Herz legen, das Lied von Paul Gerhardt in das eigene Herz aufzunehmen. Hier ein Auszug:

Befiehl du deine Wege und was dein Herze kränkt
der allertreusten Pflege des, der den Himmel lenkt.
Der Wolken, Luft und Winden gibt Wege, Lauf
und Bahn,
der wird auch Wege finden, da dein Fuß gehen kann.

Dem Herren musst du trauen, wenn dir's soll wohl
ergehn;
auf sein Werk musst du schauen, wenn dein Werk soll
bestehn.
Mit Sorgen und mit Grämen und mit selbsteigner Pein
lässt Gott sich gar nichts nehmen, es muss erbeten sein.

Dein ewge Treu und Gnade, o Vater, weiß und sieht,
was gut sei oder schade dem sterblichen Geblüt;
und was du dann erlesen, das treibst du, starker Held,
und bringst zum Stand und Wesen, was deinem Rat
gefällt.

Weg hast du allerwegen, an Mitteln fehlt dir's nicht;
dein Tun ist lauter Segen, dein Gang ist lauter Licht;
dein Werk kann niemand hindern, dein Arbeit darf
nicht ruhn,
wenn du, was deinen Kindern ersprießlich ist,
willst tun.

Auf, auf, gib deinem Schmerze und Sorgen Gute Nacht!
Lass fahren, was das Herze betrübt und traurig macht;
bist du doch nicht Regente, der alles führen soll:
Gott sitzt im Regimente und führet alles wohl.

Ihn, ihn lass tun und walten! Er ist ein weiser Fürst
und wird sich so verhalten, dass du dich wundern wirst,
wenn er, wie ihm gebühret, mit wunderbarem Rat
das Werk hinausgeführet, das dich bekümmert hat.

Steffen Kern ist Pfarrer, Journalist und Vorsitzender des Evangelischen Gemeinschaftsverbands Württemberg, die Apis.

Ursula Koch

Siehe, um Trost war mir sehr bange ...

Der lange Flur war mit Blumenbildern geschmückt, an den Türen rechts und links hingen bunte Kärtchen – und trotzdem legte es sich wie eine dunkle, schwere Last auf mein Herz, als ich mich ihrem Zimmer näherte. Wie würde ich sie antreffen?

Sie saß im Rollstuhl neben ihrem Tisch und wandte langsam den Kopf. In ihre Augen kehrte einen Moment lang etwas Leben zurück, dann erlosch der Glanz wieder.

„Meine Mutter ist tot."

Ich nahm ihre Hand, begrüßte sie, streichelte ihr Gesicht.

„Wie geht es dir?

„Meine Mutter ist tot."

Es war der einzige Satz, den sie noch aussprach. Manchmal stieß sie Laute hervor, die wir nicht verstehen konnten, manchmal waren es noch einzelne, zusammenhanglose Wörter, aber dies war ein Satz, ein vollständiger Satz, dessen Sinn – scheinbar – zu erfassen war:

„Meine Mutter ist tot."

Anfangs hatte ich noch versucht, darauf zu erwidern. Ich nahm das Familienbild von der Wand und betrachtete es mit ihr, zeigte auf die kleine, gebeugte Gestalt ihrer Mutter, meiner Großmutter, und sagte: „Ja, sie ist gestorben, vor vielen, vielen Jahren. Weißt du es noch? Wir haben sie beerdigt und Gottes Liebe anvertraut. Jetzt ist sie im Frieden nach all dem Schrecklichen, was sie erlebt hat. Der Krieg, drei Söhne verloren … Jetzt ist sie bei ihrem Heiland."

Ich kann mich kaum noch an die Großmutter erinnern, sie starb früher als heute die Menschen sterben. Aber ich habe das Lied behalten, das sie oft sang, wenn wir sie besuchten:

Wenn nach der Erde Leid, Arbeit und Pein,
ich in die goldenen Gassen zieh ein,
wird nur das Schaun meines Heilands allein,
Grund meiner Freude und Anbetung sein …

Und so versuchte ich der Tante mit meinen armen Worten zu erklären, dass ihre Mutter heimgefunden habe.

Verständnislos schaute sie auf das Foto, hob dann den Kopf und sagte wieder:

„Meine Mutter ist tot."

Da verstand ich, langsam, so schwerfällig wie wir modernen, aufgeklärten Menschen in manchen Situationen verstehen, dass sie mir etwas mitteilen wollte.

„Ich bin allein", wollte sie mir sagen. „Niemand kennt mich hier. Niemand versteht mich. Es ist niemand da, der mich tröstet. Mein Bein tut so weh. Es ist zweimal gebrochen. Sie haben es operiert. Und niemand hat mich getröstet. Alle sind nett zu mir, ja, aber sie haben keine Zeit. Ihr kommt mich oft besuchen. Aber dann geht ihr wieder. Und ich bin allein. Sie legen mich abends ins Bett, wickeln mich ein wie ein Baby, aber sie streicheln mich nicht dabei, sie singen mir kein Schlaflied. Und morgens holen sie mich wieder heraus als sei ich ein schwerer Sack und setzen mich in den Rollstuhl. Aber es muss schnell gehen. Es sind ja so viele hier auf dem Flur. Und ich kenne sie alle nicht. Meine Mutter ist nicht hier."

Seit ich das verstanden hatte, saß ich oft nur still bei ihr und hielt ihre Hand. Ich blätterte in den Unterlagen, die auf dem Tisch lagen und in die alle Beobachtungen eingetragen wurden: Stuhlgang, Urin, Äußerungen … Unter „Äußerungen" war immer ein Strich. Sie redete nicht mehr. Nur wenn einer von uns kam, dann sprach sie aus, was sie fühlte:

„Meine Mutter ist tot."

Ich bemerkte an mir einen Fluchtinstinkt. Wie sollte ich das aushalten? Ich war gewohnt zu handeln. Initiativen ergreifen, Änderungen herbeiführen, das war es, was ich in schwierigen Situationen gelernt hatte. Und hier?

Ich stimmte das Lied an, das ihre Mutter so oft gesungen hatte.

Es blieb mir nur eins: Ich stimmte das Lied an, das, was ihre Mutter so oft gesungen hatte. Sie hob den Kopf und lauschte nur einen Augenblick, dann sang sie mit, und ihre Stimme war fest, klar und sicher in Text und Melodie:

„Das wird allein Herrlichkeit sein,
wenn frei von Weh ich sein Angesicht seh,
*wenn frei von Weh ich sein Angesicht seh."**

* Das Lied „Wenn nach der Erde …" steht im Gemeinschaftsliederbuch unter der Nummer 723.

Bildete ich es mir nur ein, oder hatten ihre Augen doch einen schwachen Glanz? Sie schaute an mir vorbei zum Fenster hinaus.

„Das hast du oft mit deiner Mutter gesungen“, sagte ich. Sie antwortete nicht, aber sie sah mich aufmerksam an. Und dann sangen wir weiter. Alle drei Strophen. Und die anderen Lieder, die ich als Kind bei meinen Großeltern gehört hatte:

„So nimm denn meine Hände und führe mich …“

„Stern, auf den ich schaue …“

Wenn ich im Text unsicher wurde – es gab ja keine Gesangbücher im Heim – dann wusste sie weiter. Und ihre Stimme hatte Kraft. So sangen wir ein Lied nach dem andern, alles, was ich in meinem Gedächtnis finden und anstimmen konnte. Sie sang mit.

Einige Monate später wurde ihre Stimme schwächer. Ich spürte, dass sie nicht mehr lange mit mir singen würde. Bei jedem Abschied wurde es mir schwerer zu gehen. Und eines Tages rief mein Bruder an und sagte, dass sie am Morgen ganz friedlich die Augen für immer geschlossen habe.

Getröstet.

Ursula Koch ist Schriftstellerin und Pädagogin und lebt in Berlin.

Gerhard Krömer

Auch wenn ich nicht alles verstehe

Es war der 24. Juli 1988. Gemeinsam mit Gernot Kunzelmann, dem Leiter des christlichen Jugendzentrums Tauernhof Schladming (ein Zentrum der Fackelträger Missionsgemeinschaft), hatte ich einen sehr berührenden und denkwürdigen Gottesdienst gehalten. Der Israel-Kibbuz-Chor war zu Gast in unserer großen evangelischen Kirche in Schladming. Die fünfzig Sängerinnen und Sänger waren alle in Europa, vornehmlich in Deutschland, aufgewachsen und hatten in der NS-Zeit großes Leid erfahren. Uns beiden war es wichtig, diesen Menschen gegenüber unsere Wertschätzung auszudrücken und ihnen von Jesus Christus Zeugnis zu geben. Beim Abschied hatten einige Chormitglieder Tränen in den Augen. Wir waren sehr dankbar, dass wir diesen Dienst tun durften.

Am Nachmittag dieses Tages fuhr ich mit meiner Familie in den Urlaub. Gernot Kunzelmann ging noch am späteren Nachmittag zum Gleitschirmfliegen. Gegen 17 Uhr wurde ich angerufen. Gernot Kunzelmann war abgestürzt und mit schwersten Verletzungen in die Klinik eingeliefert worden.

Mich traf diese Nachricht wie ein Hammerschlag. Ich eilte nach Schladming und musste zur Kenntnis nehmen, dass Gernot Kunzelmann ohne Bewusstsein war. Zwei Tage später starb er. Ein väterlicher Freund, ein aufmerksamer Mentor, ein großes Vorbild für Glauben und Leben, ein ganz wertvoller Mitarbeiter in der Kirche – mit einem Schlag war er heimgerufen worden.

Warum passierte so etwas? Warum hatte Gott diesen Menschen mit seinen fünfzig Lebensjahren aus einer so wichtigen Arbeit wie dem Tauernhof herausgeholt? Es gab keine Antwort für mich. Ich wusste nur, dass Gott da ist, dass er mich in Jesus festhält und dass ich nicht alles verstehen muss.

Es war der 24. April 2012. Christian Egger, ein Mitarbeiter des christlichen Jugendzentrums Tauernhof Schladming war gemeinsam mit seinem rund zwanzig Jahre älteren Freund Alois Zopf in den Tiroler Bergen zum Touren-Skilauf aufgebrochen. Beide stammten aus Bad Goisern in Oberösterreich. Christian Egger hatte seit dreißig Jahren versucht, seinen Freund für Jesus zu gewinnen. Und dann lösten sie beim Skifahren abseits der Piste eine Lawine aus ... Christian Egger kam dabei ums Leben, sein Freund Alois Zopf konnte sich aus den Schneemassen befreien.

Später erzählte er, in der Lawine habe er den Sündenfilm seines Lebens gesehen. Nachdem er sich befreien konnte, begriff er, dass er sein Leben Jesus Christus anvertrauen musste. Weil er aber nicht wusste, wie das gehen sollte, setzte er sich noch am selben Tag ins Auto und kam nach Schladming zu Hans-Peter Royer, dem Leiter des christlichen Jugendzentrums Tauernhof. So fand Alois Zopf mit fast neunundsiebzig Jahren zum Glauben an Jesus.

Warum musste ein so geschätzter Mitarbeiter wie Christian Egger in einer Lawine umkommen? Und warum ist gerade durch diese Lawine ein Mensch wie Alois Zopf zur Umkehr angestoßen worden? Ich habe keine Antwort auf diese Fragen bekommen. Aber ich weiß, dass Gott da ist, auch, wenn ich nicht alles verstehe.

Es war der 17. August 2013. Ich war mit meiner Frau Sigrid auf Urlaub in Griechenland. Auf dem Boot der Fackelträger Missionsgemeinschaft – es heißt Kingfisher und ist eine kleine schwimmende Bibelschule – hielt ich die Bibelarbeiten. Wir lagen im Hafen von Skopelos/Parnamos. Am Morgen hatte sich eine Freizeitgruppe verabschiedet und die neue war im Laufe des Tages angekommen.

Ich war bereits schlafen gegangen, als ein Anruf aus Österreich kam. Die schockierende Nachricht lautete: Hans-Peter Royer, der Leiter des Tauernhofs in Schladming, war beim Gleitschirmfliegen tödlich verunglückt. In den Mittagsstunden war er in den Bergen unterwegs gewesen und wollte mit seinem neuen Gleitschirm ins Tal fliegen. Als er zur festgesetzten Zeit nicht nach Hause kam, hatte seine Frau Hannelore die Bergrettung alarmiert. Stunden später wurde Hans-Peter Royer tot aufgefunden. Er war gegen einen Felsen des Dachsteins geflogen und abgestürzt.

Fünfundzwanzig Jahre nach Gernot Kunzelmann hatte ich mit Hans-Peter Royer erneut einen lieben Freund verloren. Der Tauernhof verlor eine prägende Führungspersönlichkeit und einen außergewöhnlichen Redner. Seine Frau und ihre drei Kinder hatten ihren Mann und Vater verloren. Ich reiste umgehend zurück nach Schladming.

Es fiel mir nicht leicht, das Begräbnis zu halten. Warum ist alles so passiert? Weshalb wird ein so geschätzter Verkündiger mit einundfünfzig Jahren von Gott heimgerufen? Ich habe keine Antwort darauf.

Am Trauergottesdienst nahm auch Alois Zopf teil. Ich weiß noch, dass er zu mir sagte: „Eigentlich müsste ich da im Grab liegen. Ich mit meinen achtzig Jahren bin alt genug. Ich habe mein Leben gelebt. Aber dass Hans-Peter da liegt, das verstehe ich nicht."

„Eigentlich müsste ich da im Grab liegen."

Vier Tage später war Alois Zopf mit seiner Frau auf regennasser Straße in Richtung Bad Goisern unterwegs. Sein PKW kam ins Schleudern und prallte gegen einen entgegenkommenden PKW. Der furchtbare Verkehrsunfall forderte vier Tote. Alois Zopf und seine Frau starben in ihrem PKW.

Ich nahm an dem Begräbnis in Bad Goisern teil. Ein Freund von Alois Zopf schilderte dessen Lebensweg und seine Umkehr zu Jesus Christus. Dabei betonte er: Alois Zopf hatte zwei Leben: Eines ohne Jesus und eines mit Jesus.

Warum ist dieser Unfall passiert? Warum wurde ein Mann, der noch topfit war, unvermittelt aus dem Leben gerufen? Ich habe keine Antwort darauf. Doch ich weiß, dass Gott da ist, auch wenn ich nicht alles verstehe.

Meine Mutter, Sophie Krömer, ist am 19. März 2013, im vierundneunzigsten Lebensjahr nach einem erfüllten Leben im Glauben an Jesus Christus heimgegangen. Sie wusste: Sie geht zu Jesus Christus in den Himmel.

Wenn ich an sie denke, dann habe ich vor Augen, wie sie getröstet hat. Sie hat nicht viel gesagt, sondern sie hat uns Kinder einfach in die Arme genommen und festgehalten.

Und so tröstet auch Gott. Er nimmt uns in seine Arme und hält uns fest. Das tut er durch Jesus Christus. Und dann ist es nicht mehr wichtig, alles zu verstehen.

Mag. Gerhard Krömer ist Pfarrer in Schladming, Österreich.

Annette Kurschus

Was wirklich trägt

Wir feiern Taufgottesdienst. Ganz vorne sitzt die Familie mit dem etwa zwei Monate alten Täufling; der Kleine im festlichen Taufkleid bei seiner Mutter auf dem Schoß. Während der Predigt wird das Kind zunehmend unruhig. Irgendetwas scheint den Jungen zu quälen, er beginnt zu strampeln, zu quengeln, schließlich zu weinen. Leise zunächst – aber dann steigert er sich, wird immer lauter, rudert unwillig mit den Armen, schreit aggressiv.

Die Eltern versuchen, das Kind zu beruhigen. Die Mutter wiegt und streichelt es, sie flüstert ihm zärtlich zu; der Vater schneidet Grimassen, macht allerhand Faxen, um das Kind aufzuheitern – vergeblich. Endlich soll ein Schnuller helfen, den der Säugling aber bald wieder ausspuckt und umso lauter weiterschreit. Da greift die Mutter zum einzigen Mittel, das ihr noch bleibt: Sie knöpft ihre Bluse auf und stillt das Kind an ihrer Brust. Da trinkt es sich satt, grunzt selig, wird ganz ruhig und zufrieden. Das, was eben noch quälte, hat plötzlich seine Macht verloren.

Diese Szene kommt mir unwillkürlich in den Sinn, wenn der Prophet von dem Trost spricht, den nur eine Mutter geben kann. Trost hat im wahrsten Sinne des Wortes mit Stillen zu tun.

Stillen ist etwas anderes als beruhigen oder ruhigstellen. Stillen hat mit Fülle zu tun. Es stillt Hunger und Durst, es macht satt an Leib und Seele. Es tröstet, wie sonst nichts zu trösten vermag.

Gott spricht: Ich will euch trösten, wie einen seine Mutter tröstet.

Was für ein schönes Bild: Trost als Muttermilch Gottes! Er hilft zum Leben, nährt, schenkt Geborgenheit, macht – wie man so sagt – groß und stark.

Die Frage nach Trost ist tief verwurzelt in der reformierten Tradition des Siegerlandes, wo ich aufgewachsen bin. *Was ist dein einziger Trost im Leben und im Sterben?* So heißt die erste Frage des Heidelberger Katechismus. Im Siegerland – und nicht nur dort – sind ganze Generationen mit dieser Frage aufgewachsen, haben sie auswendig gelernt und inwendig mit sich durchs Leben getragen. Bis heute.

Diese Frage hat es in sich. Sie reicht bis auf den tiefsten Grund unseres Lebens. Da geht es nicht um ein Tübchen Trost, das für den Augenblick Linderung verschafft. Nicht um eine wohlfeile Vertröstung, die für den Moment über die Runden hilft und ruhigstellt. Es geht um das, was wirklich trägt – in den Wechselfällen des Alltags und erst recht dann, wenn's ans Sterben geht. Es geht um eine Kraft, die auch dort noch standhält, wo nichts mehr bleibt.

Ein Erlebnis kommt mir in den Sinn. Ich war erst vor Kurzem als Pastorin in der Gemeinde eingeführt, da schickte mich die Gemeindeschwester zu einer alten Dame, die dringend auf meinen Besuch wartete. Reichlich befangen und unsicher machte ich mich auf den Weg; die Schwester hatte mich vorgewarnt: Es gehe der Frau sehr schlecht – Magenkrebs im Endstadium. Wie sollte ich – jung und gänzlich unerfahren in solchen Situationen – sie trösten? In der Tat erwartete mich ein Bild des Jammers: Da lag eine vom Tode gezeichnete Frau, an zahlreiche Schläuche angeschlossen; ernährt wurde sie durch die Nase.

Über ihrem Krankenbett hingen Bilder aus früheren Zeiten: von ihrem Mann und der großen Familie. Inmitten all der Fotos die Konfirmationsurkunde mit Frage 1 des Heidelberger Katechismus: *Was ist dein einziger Trost im Leben und im Sterben? Dass ich mit Leib und Seele im Leben und im Sterben nicht mir, sondern meinem getreuen Heiland Jesus Christus gehöre.*

Die Begrüßung meinerseits fiel eher verlegen aus; ich erinnere mich an einige reichlich ungeschickte Sätze. Und an den ruhigen, gütigen Blick aus den wachen Äuglein der alten, todkranken Dame. Mit ihrer ausgemergelten Hand zeigte sie in die Höhe und sagte: „Frau Pastorin, ohne den da oben könnte ich das hier nicht aushalten. Aber ich weiß: Der bleibt bei mir."

„Ohne den da oben könnte ich das hier nicht aushalten."

Das vergesse ich nie. Ich weiß nicht, was wir dann noch gesprochen haben. Nur das weiß ich: Am Ende des Besuches ging ich getröstet wieder weg; die Frau hatte mir von ihrem Trost weitergegeben. Ein Trost, der nicht nur in den Widerwärtigkeiten des Lebens Halt gibt, sondern der auch dem Tod etwas entgegenzusetzen hat und sogar im Sterben seine Kraft behält.

Es ist der Trost dessen, der am Ende unserer Lebenszeit mit seiner Ewigkeit auf uns wartet. Und dort aufs Neue sagen wird: Ich will euch trösten, wie einen seine Mutter tröstet.

Annette Kurschus ist Präses der Evangelischen Kirche von Westfalen.

Andreas Malessa

Getröstet statt bemuttert

Meine Frau hat mit 49 Jahren ihren Beruf als Sozialpädagogin im evangelischen Kindergarten aufgegeben. Wegen der absurd wuchernden Bürokratie, die mehr Zeit für Papiere verlangt als für Kinder? Ja, auch. Unter anderem aber wegen der Mütter. Mütter, die ihre fünfjährigen Töchter am liebsten mit einer zehnseitigen Betriebsanleitung abgeben würden. Weil ja so wahnsinnig viel zu beachten ist bei Prinzesschen! Mütter, die vor dem Erwerb eines Brötchens die EU-Verordnung für Backwaren laut lesen. Über Allergene im Mehl, Laktose in der Milch, Hormone in den Eiern, Gluten überall. Mütter, die die Rutsche auf dem Spielplatz mit Sagrotantüchern abwischen, bevor ihr Friedrich Alexander da runterrutschen darf. Mütter, die so lange auf dieses Kind gewartet, so tolle Karrieren für dieses Kind aufgegeben haben und so viel Eheleben um dieses Kind herum zentrieren, dass sie es „mein größtes Projekt" nennen. Ernst gemeint!

Überbehüten und bevormunden ist aber etwas anderes als „trösten". Vergöttert und bemuttert werden ist etwas anderes als getröstet werden. Trösten, das heißt doch: einem geängstigten, noch unerfahrenen, an seiner Schwäche und seinem Schmerz leidenden Menschen beistehen, helfen, nahe sein. Ihn aus Demütigung und ohnmächtiger Wut, aus Trauer und Scham herausholen. *Nachdem* sich das Kind an den Ecken und Kanten des Lebens eine blutige

Da gibt's blaue Flecken und blaue Briefe, gebrochene Gebote und gebrochene Herzen.

Nase geholt hatte. *Weil* es auf eigenen Beinen loswackeln, Fahrrad fahren und schwimmen, studieren und arbeiten, lieben und glauben lernen durfte. Selbst. Auf eigene Art. Dabei gibt's blaue Flecken und blaue Briefe, gebrochene Gebote und gebrochene Herzen, ja sicher. Tränenreich für alle Beteiligten. Aber es reifen erwachsene Erwachsene heran. Und nicht unreife Kinder mit Bart.

Wie machen gute Mütter das? Kabarettist und TV-Moderator Eckhart von Hirschhausen erzählt von einem blutig aufgeschürften Knie: „Wissenschaftsgläubige Mütter rufen nach Tabletten. Abergläubische rufen nach Arnikakügelchen. Meine Mutter rief: ‚Guck mal, da fliegt gerade das Aua aus dem Fenster!'"

Gott verspricht uns nicht nur Geborgenheit und Treue in den tausenderlei Kümmernissen unseres Alltags. Gott tröstet auch im Sinne eines Perspektivwechsels: Er stellt uns ein Ziel vor Augen, für das er sich verbürgt.

Ein Beispiel aus dem Alten Testament: Ab 538 v. Chr. kehren die Exiljuden aus Babylon nach Juda zurück und finden dort eine multireligiöse und multikulturelle Mischbevölkerung vor. Unfrommer, als sie dachten. Konfliktreicher, als sie es erwarteten. Ihr fünfzig Jahre lang ersehntes Heiligtum ist kein beschaulicher Wallfahrtsort mehr. Ihre Heimat ist unheimatlich geworden. Und der Wiederaufbau des Tempels geht so flott voran wie der des Berliner Flughafens. In diese Enttäuschung hinein spricht Gott von Frieden, Reichtum, Kinderkriegen, Mutterbrust – und seine Verheißung verändert das soziale Klima. Alteingesessene und Zuwanderer, Dagebliebene und Heimkehrer bekommen eine Vision, die sie eint.

Mein Blick wandert vom akuten Problem in die Weite der Möglichkeiten Gottes. Der eben noch weinende kleine Junge, der am Fenster nachschaut, wohin das Aua fliegt – der ist keineswegs kindisch, finde ich. Er ist jetzt recht bei Trost.

Andreas Malessa ist Hörfunk- und Fernsehjournalist bei mehreren ARD-Sendern, Theologe, Buchautor und Songtexter, zuletzt für das Musical „Amazing Grace“.

Jürgen Mette

Begegnung in Norwegen

„Können Sie sich vorstellen, dass Gott eine Frau ist?"

Es war gar nicht so sehr die Frage als solche, sondern das geradezu frivol-schelmische Gesicht, aus dessen lieblich rot umrandeter mittigen Öffnung dieser Satz charmant ausgestoßen wurde.

Das ist nun schon dreißig Jahre her, aber ich sehe die Szene heute noch vor mir. Es war in einer kleinen Holzkirche im Süden Norwegens, wo wir mit einer Jugendfreizeit Gottesdienst gefeiert hatten. Ich hatte über das Vaterwesen Gottes gepredigt. Mitten unter den vierzig jungen Leuten aus der Pfalz saß ein deutsches Ehepaar, das in der Nähe unseres Camps ein Ferienhaus besaß und an unserem Gottesdienst teilgenommen hatte. Er war Theologe, sie überambitioniert theologisch interessiert, vermutlich feministisch angehaucht – so meine Vermutung.

Ich kenne diese Sorte Menschen, die gleich nach meiner Predigt mit bemüht neutralen Gesichtszügen, aber unverkennbar verspannt und mit einem Ansatz von Schaum vorm Mund nach vorn kommen, um mich abzufangen, bevor ich hinter der Bühne oder in der Sakristei kurz verschwinden kann, um mich frisch zu machen und etwas zu trinken. Manche von ihnen loben die Predigt mit Standardfloskeln, aber ich spüre dann sofort, dass das dicke Ende gleich kommen wird. Wenn die Standardformel „In meiner Bibel steht aber nichts von …" kommt, gehe ich sowieso gleich in Deckung.

Diese Dame aber machte sich gar keine Mühe, meine Predigt erst zu würdigen. Sie kam gleich zur Sache: „Gott eine Frau?“ Meine Antwort kam leicht genervt und schlecht geschauspielert über meine Lippen: „Nein, das kann ich mir nicht vorstellen.“

Meine Hoffnung, ihr damit das Mundwerk gestopft zu haben, wurde enttäuscht. Sie legte angriffslustig nach und zitierte freihändig Jesaja 66,13: „Gott spricht: Ich will euch trösten, wie einen seine Mutter tröstet!“

Tja, dagegen war nichts einzuwenden. Aber so schnell wollte ich mich nicht geschlagen geben. Wir würden ja schließlich „Vater unser“ beten und nicht „Mutter unser“. Natürlich war das keine Antwort auf ihre Frage, aber ich hatte dem vermeintlich hinter der Frage lauernden Feminismus eine Absage erteilt. Ich hatte den Genderwahn schon damals kommen sehen.

Die Dame spürte, dass ich ihren Auftritt nervig fand und zog sich dezent zurück. Ihr Lächeln zum Abschied hatte wieder etwas von sieghafter Genugtuung. Sie hatte mir einen Stachel gesetzt.

Nachmittags im Camp zog ich mich mit der Konkordanz zurück und kam bald zu der Einsicht, dass Gott sich einmal durch den Mund des Propheten Nathan gegenüber David als Vater bezeichnet: „Ich will sein Vater sein und er soll mein Sohn sein“ (2. Samuel 7,14). Der Prophet Jesaja prophezeit den Messias als „Ewig-Vater und Friedefürst“. Der alttestamentliche Befund zum Vater-Wesen Gottes ist dürftig. Gott wird nirgends als Mutter bezeichnet, aber sein Wesen wird mütterlich beschrieben. Ein Bild mit einer starken Botschaft. Ein Vater vermittelt Stärke, Schutz, Sicherheit, er überliefert die zum Leben dringend nötigen Fertigkeiten wie Jagd, Viehzucht, Ackerbau, Hausbau und die Fähigkeit, das Wetter und die Naturgewalten zu ahnen und Vorsorge zu treffen.

Aber trösten? Ja, das können wir Väter auch, aber keiner kann es besser als eine Mutter. Mütter sind die geborenen Trösterinnen. Diese Mischung aus Herzeleid, Erbarmen, Hoffnung, Wärme und Zuversicht, dieser Verzicht auf das Lamento, die Ermahnung oder die Strafe – das ist Mutterwesen par excellence.

Mütter sind die geborenen Trösterinnen.

Wenn ich in einem Großstadtgetto den Kindern auf dem Spielplatz etwas vom Vaterwesen Gottes erzähle, kann es sein, dass einer sagt: „Mein Vater ist ein Dreckskerl! Wie soll ich mir Gott als Vater vorstellen?" Das „Gott wird euch trösten, wie einen seine Mutter tröstet!" hingegen wird nahezu jeder Mensch verstehen. Ein zartes und anrührendes Bild, das mehr als alle klugen dogmatischen Definitionen uns da erreicht, wo wir am Ende unseres Glaubens sind.

Gott tröstet wie eine Mutter. Die weibliche Seite des Wesens Gottes. Ohnmächtig stark. Wie tröstend ist das denn? Danke, liebe Frau H., für Ihre Frage damals in der kleinen Holzkirche in Norwegen.

Jürgen Mette arbeitet für die Stiftung Marburger Medien und hat einen Lehrauftrag an der Evangelischen Hochschule Tabor in Marburg.

CHRISTOPH MORGNER

Trost, der weite Kreise zieht

Warum kriege ich den Kragenknopf nicht zu? Sollte ich wieder zugenommen haben? Ich ärgere mich. Neue Hemden müssen her. Meine Frau, eine ehemalige Krankenschwester, schaut meinen Hals besorgt an. Das ist doch nicht normal! Auf ihr Geheiß suche ich gehorsam unseren Hausarzt auf. Der wiegt bedenklich seinen Kopf und überweist mich ins Krankenhaus.

Als ich dort „Onkologische Station" lese, wird mir mulmig zumute. Du wirst doch nicht etwa Krebs haben?! Ich doch nicht! Doch der Professor, der mich untersucht, blickt nicht gerade optimistisch drein.

„Das muss durch eine Gewebeentnahme geklärt werden", meint er. Termin dafür ist der Tag nach Weihnachten.

In der Zwischenzeit habe ich zum Fest mehrmals zu predigen. Noch nie sind mir die Lieder von Paul Gerhardt so nahegekommen wie dieses Mal. „Die ihr arm seid und elende, kommt herbei, füllet frei eures Glaubens Hände." Das geht durchs Herz. Kein Wunder, dass man Paul Gerhardt als den großen „Tröster der Christenheit" bezeichnet hat. Was mir hier an Trost entgegenkommt, hat mich innerlich ruhig gemacht. „Seid unverzagt, ihr habet die Hilfe vor der Tür, der eure Herzen labet und tröstet, steht allhier."

Das Ergebnis der Gewebeentnahme schockiert mich: Tumor im Bereich Hals-Nase-Ohren. Also werde ich zum nächsten Facharzt geschickt, der aber nichts herausfinden kann. Mein Professor hat das geahnt. Er tippt auf ein bösartiges Lymphom. Leider hat er recht. Bald beginnt der Behandlungszyklus: alle zwei Wochen für jeweils drei Tage Chemotherapie. Dazwischen Infusionen mit Antikörpern. Die Heilungschancen liegen bei 50 Prozent. Ich werde in alle möglichen Röhren geschoben, die ich bald in- und auswendig kenne. Meine Armvenen verbergen sich seitdem angesichts pieksender Nadeln schreckhaft tief unter der Haut.

Das alles liegt fünfzehn Jahre zurück. Am Jahreswechsel 2001 zu 2002 haben meine Frau und ich nicht nur gebetet, sondern auch nachgedacht: Wie würde es nach meinem Tod weitergehen? Was wird aus ihr, aus den drei Kindern, die zwar alle bereits erwachsen waren, aber dennoch in ihrem Studium mit unserer finanziellen Hilfe rechnen konnten? „Mach aus Sorgen ein Gebet", heißt es in einem alten Lied. Das haben wir getan. Das hat uns getröstet. Wir wussten uns in den besten Händen aufgehoben, die es gibt, nämlich in den Händen Gottes, unseres himmlischen Vaters. Und wir fanden, allem Beschwerlichen zum Trotz, jeden Tag Gründe zum Danken.

Bald gingen mir die ersten Haare aus. Eine Perücke musste her! Wie werde ich wohl damit aussehen? Was übersteht man nicht alles, wenn es die Lage erfordert! Zum Glück konnte ich an den Wochenenden meinen Diensten in Kirche und Gemeinschaftsbewegung nachgehen. Dazu hatte der Professor auch geraten. Ja kein Trübsalblasen und Einkapseln in das eigene Weh! Lediglich die zahlreichen Sitzungen in der Woche musste ich absagen. Aber dadurch hat das Reich Gottes – so vermute ich – keinen Schaden erlitten. Es hat sich an mir bestätigt, was ein alter Gottesmann aus eigener Erfahrung bezeugte: „Und wenn wir krank sind, predigen wir uns wieder gesund." Da ist was dran! Das Evangelium hält fit. Es wird zum Trost eigener Art, wenn sich die Lebenskräfte Gottes an uns zeigen.

Mein dickes Lymphom am Hals schmolz bald weg wie die Butter in der Sonne. Aber die Chemotherapie wurde eisern durchgezogen. Danach war ein Vierteljahr Bestrahlung vorgesehen. Diese war für mich nicht anstrengend. Aber das quälende Warten! Am liebsten hätte ich dem Personal mal gezeigt, wie man den Patientenansturm managt.

Als nach einem halben Jahr der Behandlungsmarathon abgeschlossen war, habe ich in der gegenüberliegenden katholischen Kirche eine Kerze angezündet. Das war zwar reformatorisch nicht ganz einwandfrei, aber mir war einfach danach zumute. Ich lebe! Was habe ich für Grund zum Jubeln!

Und dann die Post! Was ich in diesem halben Jahr erhalten habe, hat in einem dicken Ordner Platz gefunden. Wenn ich darin blättere, wird mir eigenartig zumute: so viele gute Wünsche, so viel Zuspruch, so viel Versprechen, nun regelmäßig für mich zu beten! Trost rundum! Zu wissen, ich stehe nicht allein, sondern bin eingebettet in eine große Schar derer, die ihre Hände für mich falten, hat mich ruhig und zuversichtlich werden lassen.

Der mir geschenkte Trost hat weite Kreise gezogen. Es hat mich erfreut und beschämt, als mir unbekannte Menschen schrieben, sie seien durch Berichte über meine Krankheit in der eigenen schweren Lage getröstet und aufgerichtet worden. Da hat sich bestätigt, was Paulus erfahren hat: „Der

Gott allen Trostes tröstet uns in aller unserer Trübsal, damit wir auch trösten können“ (2. Korinther 1,3f).

Heute blicke ich auf dieses aufregende halbe Jahr zurück. Nach medizinischem Ermessen zähle ich zu den Gesunden. Dem Herrn sei Dank! Aber ich habe erfahren, wie dünn der Boden ist, auf dem wir leben. Und erst recht ist der Faden dünn, an dem unser Leben hängt. Aber ich darf wissen, wer diesen Faden in seiner Hand hält. „Stark ist meines Jesu Hand.“ Auf ihn setze ich mein ganzes Vertrauen.

Ich habe erfahren, wie dünn der Boden ist, auf dem wir leben.

Dr. Christoph Morgner, Garbsen, war bis 2009 Präses des Evangelischen Gnadauer Gemeinschaftsverbandes.

Luitgardis Parasie

Besser als meine Mutter

Wie einen seine Mutter tröstet? Huuuu, da stellen sich alle meine Nackenhaare auf. Bloß nicht! Darauf kann ich verzichten. Denn meine Mutter war nicht gut im Trösten. Na gut, vielleicht, als ich noch ganz klein war. In der Schulzeit jedoch: Kam ich mit einer Fünf in Mathe nach Hause, hieß es: „Du hast nicht genug gelernt." Aber es lag nicht am Lernen. Ich kapierte Mathe einfach nicht.

Als Jugendliche hatte ich nachts Panikattacken. Meine Mutter behauptete steif und fest: Du glaubst und betest nicht genug. Das stimmte nicht, ich betete wie verrückt. Und auch später war es so, wenn ich ihr ein Problem erzählte, sei es mit unseren Kindern oder in der Gemeinde: Meist drehte sie es so, dass der Fehler bei mir lag und ich selbst daran schuld war. Irgendwann erzählte ich ihr einfach nichts mehr, denn es endete im Prinzip immer gleich: Ich hoffte auf Verständnis und kriegte stattdessen eins übergebraten. Wie sehr hab ich mir eine Mutter gewünscht, die mich einfach mal in den Arm nimmt. Die mich mitfühlend anhört und mir einen heißen Kakao kocht.

Also, für mich muss ich diesen Bibelvers anders schreiben: Ich will dich besser trösten als deine Mutter. Wie dich dein Mann tröstet. Deine Freunde. Deine Kinder. Ja, und so hat Gott mich auch schon getröstet. Etwa bei meiner ersten Augen-OP.

Als Notfall werde ich in die Augenklinik eingewiesen. Warte sieben Stunden auf Gängen und in Behandlungsräumen. Zum Glück sind meine beiden Töchter bei mir, zittern und bangen mit mir. Sechs verschiedene Ärzte gucken in meine Augen, bis die Entscheidung fällt: „Sie werden heute noch operiert."

Um 21 Uhr werde ich in den OP geschoben. Und dann kommt mir der leitende Anästhesist entgegen: ein alter Bekannter aus unserem früheren Bibelkreis. Er hat sonst nie im Augen-OP Dienst, sagt er. Nur ausgerechnet in dieser Nacht. Was für eine freundliche Fügung Gottes.

Zehn Tage später besuche ich mit meinem Mann den Gottesdienst. Der Kollege predigt über die Heilung des Blinden. Als hätte er das eigens für mich ausgesucht. Mir kommen die Tränen.

Leider ist die Augengeschichte damit nicht ausgestanden. Zwei Jahre später lautet die Diagnose erneut: Netzhautablösung. Linke Seite alles schwarz. Ein Déjà-vu-Erlebnis: Endlose Warterei auf den Gängen der Augenklinik. Diesmal ist eine Freundin bei mir. Und wieder heißt es schließlich: „Sie müssen sofort operiert werden."

Die Losung an diesem Tag lautet: „Der Herr wird meine Sache hinausführen." Daran halte ich mich fest. Wenn Gott etwas hinausführt, wird es doch gut, oder?

Gas wird ins Auge gefüllt, das soll die Netzhaut andrücken. Vorerst bleibt es dunkel auf dem linken Auge. Vier bis sechs Wochen dauert das, sagen sie, dann hat sich das Gas aufgelöst und die Netzhaut hält wieder. So lange!

Es ist der 3. Dezember. „Ich kann nicht über Weihnachten ausfallen, ich bin Pastorin", sage ich. Wer soll die ganzen

Termine übernehmen, die Gottesdienste halten? Der Arzt zuckt mit den Schultern.

Freunde bringen Hörbücher vorbei. Lieb gemeint, aber irgendwie auch brutal. Ich will sehen, lesen!

Die Mitpatienten erzählen schreckliche Geschichten. Von immer neuen Komplikationen. „Wenn das einmal angefangen hat mit der Netzhaut, hört es nie mehr auf", behauptet einer. Das will ich gar nicht wissen. Angst breitet sich im Magen aus, frisst sich in den Bauch.

„Wir zünden jeden Tag eine Kerze für dich an", schreibt eine Freundin.

„Wir zünden jeden Tag eine Kerze in der Kirche für dich an", schreibt eine Freundin. Das berührt mich, tut mir gut. Eine andere schickt mir einen elektronischen Adventskalender: 24 Türchen per Mail, jeden Tag einen aufbauenden Spruch. Meine ältere Tochter und ihr Mann reisen am zweiten Adventswochenende 600 Kilometer weit aus Südbayern an. Sie veranstalten in der Küche eine riesige Plätzchenback-Session. Das ganze Haus duftet tröstlich nach Vanillekipferln und Zimtsternen.

Die Vorsitzende des Kirchenvorstands besucht mich. Wir gehen die Termine durch. In Windeseile ist alles verteilt, Andachten, Konfirmandenunterricht, Besuche, Gottesdienste.

„Du hast uns immer so gefordert, jetzt sind wir gut aufgestellt, wir kriegen das hin", sagen die Mitarbeiter, und so ist es. Es klappt alles bestens ohne mich. Die Gemeinde wird zusammengeschweißt und gestärkt durch meine Abwesenheit. Was für eine tolle Erfahrung.

Am Tag nach der OP übrigens hat mein Mann mir frühmorgens eine SMS geschickt. Die Losung, Gottes Trost, der die nächsten Wochen überstrahlt: „Des Gerechten Pfad glänzt wie das Licht am Morgen, das immer heller leuchtet bis zum vollen Tag.“

Luitgardis Parasie ist Pastorin und Buchautorin. Für den NDR beantwortet sie Gewissensfragen.

Ulrich Parzany

Gebet in schwarzen Ruinen

In den späten 1980er-Jahren war ich zu Besuch bei unseren Freunden des YMCA (CVJM) in Nigeria. Der Vorsitzende des YMCA brachte mich am Tag des Rückfluges mit seinem Auto zum Flughafen in Kano, einer großen Stadt im Norden des Landes. Unterwegs kamen wir durch die Stadt Zaria.

Mein Gastgeber sagte: „Lass uns einen Besuch machen." Wir bogen zwei-, dreimal ab und parkten vor einer Kirche. Ja, die rauchgeschwärzten Mauern, die vor uns lagen, waren noch als die Reste einer Kirche zu erkennen.

In den letzten Tagen waren 104 Kirchengebäude im Norden Nigerias angezündet worden. Damals schrieb die Weltpresse noch nicht über die Massaker der fanatischen Islamisten von Boko Haram, die in den letzten Jahren Tausende von Christen das Leben gekostet haben. Aber es gab auch damals schon solche Attacken fanatischer muslimischer Gruppen.

In der Kirchenruine trafen wir betende Christen. Es war ein Werktag. Mein Freund kannte viele. Händeschütteln, Umarmungen. Wir setzten uns einige Zeit zu ihnen. In Gebeten und Liedern wurden Klagen und Trauer zu Jesus gebracht. Aber auch Vertrauen zu dem Herrn aller Herren drückte sich darin aus. Die Christen hatten sich nicht verkrochen. Sie trugen ihren Schmerz gemeinsam vor Gott. Unseren Besuch empfanden sie als Ermutigung. Aber eigentlich wurde ich durch die Gemeinschaft der Geschwister, die in der Not so offenkundig gemeinsam ihre Zuflucht bei Gott, dem Vater, suchten, mehr getröstet, als ich sie trösten konnte.

Der leitende Pastor dieses Bezirks war Benjamin Kwashi. Er ist heute der Erzbischof der Episkopalen Kirche in Nordnigeria. Auf einer Weltkonferenz für Mission und Evangelisation in Kapstadt, Südafrika (2010), sprach er über die Schmerzen, die seine Kirche erleidet. Hunderte Mitglieder seiner Gemeinden wurden ermordet. Seine Frau wurde schwer misshandelt und brauchte ein Jahr, bis sie von den schlimmen Verletzungen halbwegs genesen war. Er selbst entkam einer Mordattacke durch ein Wunder. Seinen Bericht in Kapstadt schloss er mit den Worten: „Ich habe ein Evangelium, das wert ist, dafür zu leben und zu sterben."

„Ich habe ein Evangelium, das wert ist, dafür zu leben und zu sterben."

Benjamin Kwashi ist ein gebildeter Mann. Er kennt Europa. Er kennt auch den Zustand der Kirchen in Europa. Auf dem Hintergrund seiner eigenen Leidensgeschichte wiegen seine kritischen Worte über die europäischen Kirchen besonders schwer. In einem seiner Beiträge auf der Weltkonferenz in Kapstadt sagte er einige Sätze, die wenig schmeichelhaft für uns sind, aber hoffentlich gehört und bedacht werden. Die Kirchen im Westen, so formulierte er, hätten ihre Mitglieder systematisch geimpft, und zwar gegen Freude, Leidenschaft und die Kühnheit, das Evangelium von Jesus Christus zu verkünden.

Die Jahreslosung für 2016 redet vom Trost, den Gott seinem Volk, seiner Gemeinde gibt, nicht zuerst vom Trost für jeden Einzelnen in seiner Traurigkeit über persönlich erlittenes Leid. Sicherlich dürfen wir das Wort auch ganz persönlich in Anspruch nehmen. Ich empfinde, dass Gott heute die Christenheit in der ganzen Welt durch das Verhalten der Gemeinden in Verfolgung tröstet. Sie trösten uns mit dem Trost, durch den sie von Gott getröstet werden (2. Korinther 1,4).

Trost ist Ermutigung und Ermahnung zugleich. Nie vergesse ich die Gemeinde, die sich in den rauchgeschwärzten Ruinen ihrer Kirche zum Gebet versammelt hatte. Immer wieder klingen in mir die herausfordernden Worte des Bischofs, der das Leiden kennt. Wenn ich müde, enttäuscht und feige bin, wecken seine mahnenden Worte in mir die Sehnsucht: „Herr, gib uns die Freude, die Leidenschaft und die Kühnheit, dein Evangelium zu verkündigen!"

Ich bete, dass die Christenheit in Europa sich diese Ermutigung und Ermahnung zu Herzen nimmt.

Ulrich Parzany, Kassel, ist Pfarrer und Evangelist; bis 2013 war er Leiter von ProChrist.

Annegret Puttkammer

„Sie schickt der Himmel!"

Sollte ich nun Medizin studieren oder Theologie, Pfarrerin werden oder Ärztin? Zwei Jahre vor dem Abitur schwankte ich zwischen diesen beiden Berufswegen. Was eine Pfarrerin tut, konnte ich in meiner Kirchengemeinde beobachten. Aber wie sah der Alltag einer Ärztin aus? In den Sommerferien machte ich deshalb ein Praktikum in unserem Krankenhaus.

Ich wurde auf der chirurgischen Station eingesetzt. Natürlich durfte ich keine ärztlichen Tätigkeiten ausüben, aber die Krankenschwestern und Pfleger unterstützen. Ich teilte Essen aus, leerte Bettpfannen, las Fieberthermometer ab, legte Blutdruckmanschetten an. Außerdem wurde ich damit beauftragt, täglich alle Nachttische abzuwischen. Das machte mir viel Spaß, denn dabei bekam ich Kontakt zu den Patienten. Ich erfuhr, warum sie sich welchen Knochen gebrochen hatten oder an welchem Organ sie operiert worden waren.

Täglich konnte ich miterleben, wie bei fast allen die Genesung voranschritt und wie sich die medizinischen Erfolge einstellten: Schulterbrüche heilten, punktierte Knie wurden beweglich, Bauchschnitte wuchsen zu. Die Zahl derer, die ich während meines Praktikums nach Hause verabschiedete, war wesentlich größer als die Zahl derer, die lange blieben oder gar in ein Pflegeheim gehen mussten. Ich kann mich auch nicht erinnern, dass in jenen Wochen auf dieser Station jemand starb. Und so verfestigte sich der Eindruck: Als

Ärztin würde ich den Menschen helfen können und sie mit der richtigen Therapie und Pflege gesund machen und wieder fröhlich werden lassen. Das wäre eine wunderbare Lebensaufgabe! Meine „innere Waagschale" neigte sich zum Medizinstudium.

Im nächsten Sommer meldete ich mich wieder zum Praktikum. Diesmal bat ich darum, eine andere Station kennenzulernen, in der noch schwerere Krankheiten behandelt wurden. Ich wollte wissen, ob ich auch damit würde umgehen können.

So wurde ich auf die Station für Innere Medizin geschickt. Dort litten etliche an Krebs oder an fortgeschrittenen Organschäden oder an schwerem Diabetes. Zu meinem Tagesablauf gehörte es nun, Menschen zu waschen und zu füttern – und dabei zu ahnen, dass sie das niemals wieder selbst würden tun können. Ich assistierte dabei, offene Beine zu versorgen, die nie wieder zuheilen würden. Wir pflegten wundgelegene Rücken und wussten: Das wird weitergehen bis zum Tode.

Bereits am dritten Tag verstarb der erste Patient. Und so lernte ich vermehrt die belastende Seite der Medizin kennen: Nicht helfen zu können, weil alle ärztliche Kunst scheitert und das Leiden eben nicht nur ein vorübergehender Zustand ist, sondern dauerhaft bleibt und zum Sterben führt. Würde ich das wollen, solche Trostlosigkeit, mein gesamtes Berufsleben hindurch?

An einem Vormittag – ich war unterwegs, um Nachttische abzuwischen – kam ich zu einer älteren Dame, die bereits mehrere Wochen auf der Station war. Sie lag traurig in ihrem Bett, Tränen liefen über ihr Gesicht. Sie sagte mir, dass sie wohl keine Chance habe, je wieder nach Hause zu kommen. Sie weinte und weinte. Ich wusste nicht, was ich sagen oder tun sollte, und fühlte mich völlig hilflos. Verwirrt trocknete ich den Nachttisch fertig ab und verließ ihr Zimmer, ohne die leiseste Ahnung, wie ich sie hätte trösten können.

In der Frühstückspause fuhr ich mit dem Aufzug zur Kantine. Meine Gedanken kreisten immer noch um diese Begegnung. Wenn ich doch wüsste, was hier zu tun sei. Wenn doch jemand dieser Frau guttun könnte, dachte ich. In diesem Moment öffnete sich die Aufzugstür, und der Klinikseelsorger stieg ein. Ich kannte ihn, weil er regelmäßig auch in unserer Kirche Gottesdienst hielt.

„Sie schickt der Himmel!“, rief ich spontan, erzählte ihm von der Frau und bat ihn, ob er nicht zu ihr gehen könne. Das versprach er.

Als ich am nächsten Morgen wieder in das Zimmer kam, wurde ich bereits erwartet. Die Dame lag wie immer in ihrem Bett. Sie weinte nicht, im Gegenteil, sie lächelte mich an.

„Danke, dass Sie den Pfarrer informiert haben“, sagte sie. „Er ist gestern gleich gekommen und wir haben ganz lange geredet und gebetet. Und er hat mich gesegnet. Das hat so gutgetan.“

Das wollte ich auch: wirklich trösten können.

Ich konnte kaum fassen, dass der Besuch des Seelsorgers eine solche Veränderung bewirkt hatte! Zwei Tage später starb die Frau – und sie ging ruhig und in Frieden.

Das rührte mich tief an: Ein Seelsorger kann trösten, wo die Medizin nicht mehr weiterweiß. Es gibt solchen Trost, der einen Menschen auffangen kann, wenn nichts mehr zu helfen scheint. Gebet und Segen können auch dann noch tragen, wenn Therapie und Pflege an ihre Grenzen stoßen. Dieses Erlebnis war eine Weichenstellung für meine Berufswahl. Das wollte ich auch: wirklich trösten können. So entschied ich mich für die Theologie und das Pfarramt. Ich habe es bis heute nicht bereut und die Kraft des Evangeliums in vielen Krankenzimmern, an Sterbebetten und auf Friedhöfen selbst erleben können.

Annegret Puttkammer, Herborn, ist Pröpstin der Evangelischen Kirche für Nord-Nassau.

Hartmut Schmid

Trost durch Nähe

Als ich den Vers der Jahreslosung las, fiel mir sofort ein Erlebnis aus Kindertagen ein. Ich war vom Fahrrad der Mutter gestürzt. Die Kindersitze waren noch nicht so komfortabel und sicher wie heute. Es war auf einem Feldweg. Die Knie waren aufgeschlagen und gefüllt mit Dreck und kleinen Steinchen. Sofort fuhr meine Mutter mit mir nach Hause. Dort wurde die Wunde gereinigt, was zusätzlich schmerzhaft war, und anschließend mit Salbe und Pflaster versorgt. Aber das Entscheidende war – und das hat sich mir in der Erinnerung am tiefsten eingegraben: Danach saß ich auf dem Schoß meiner Mutter, ganz nahe bei ihr. Sie hatte die Arme um mich gelegt. Ich konnte weinen, dann aber auch zur Ruhe kommen.

Der Trost Gottes, wie er in der Jahreslosung beschrieben ist, hat deutliche Parallelen zum Trost einer Mutter. Drei Aspekte meines damaligen Erlebnisses möchte ich herausgreifen:

Des Trostes bedürftig

Wer getröstet werden muss, ist des Trostes bedürftig. Das Bedürfnis nach Trost hat mit Schmerz, Leiden und Verlust zu tun. Jesaja spricht in eine Zeit hinein, in der es Jerusalem nicht besonders gut ging. Es war beschäftigt mit Feinden. Die Zukunft war unsicher. Es war des Trostes bedürftig.

Die Situationen, in denen Menschen Trost brauchen,

können sehr verschieden sein. Da ist der Schmerz des Kindes mit dem aufgeschlagenen Knie; später sind es Versagensängste oder Liebeskummer. Es kann das Ringen um den Selbstwert sein, wenn man beruflich nicht zum Zuge kommt, wie man möchte. Oder da ist die Lücke und Leere nach einer gescheiterten Beziehung.

Besonders trostbedürftig sind Menschen angesichts eines Leidens, das sich offensichtlich nicht mehr zum Besseren wendet. Bleibende Krankheit und Schmerzen machen des Trostes bedürftig. Und nicht zuletzt ist zu nennen der letzte Wegabschnitt zum Sterben und der endgültige Verlust eines Menschen.

Neben Beispielen aus der persönlichen Lebensführung möchte ich noch ergänzen: Es gibt auch ein Leiden der Gemeinde Jesu und an der Gemeinde Jesu. Die extremste Form der Trostbedürftigkeit hat selbstverständlich die Gemeinde in der Verfolgung. Aber es gibt auch ein Leiden *an* der Gemeinde: an Streitigkeiten; an Spaltungen; an viel Menschlichem, das allzu oft anzutreffen ist; an kleiner werdenden Zahlen; an Mitarbeitermangel; an fehlender Kreativität und vielem mehr.

Der Nähe Gottes gewiss

Die Mutter war da und ich saß damals auf ihrem Schoß. Das war in meiner Erinnerung das Allerwichtigste. Gott ist da – das ist das Allerwichtigste. Trost geschieht durch Nähe, durch Zuwendung, durch Wärme, durch Zeithaben.

Die Nähe der Mutter war körperlich spürbar. Wie ist Gottes Nähe erfahrbar?

Da ist zunächst Gottes Wort zu nennen. Gott spricht mir seine Nähe zu. Dieses Wort ist zuverlässig. Wenn Jesus sagt: „Ich bin bei euch aller Tage", dann ist er bei uns. Wenn dieses Wort mir persönlich im einsamen Hören fraglich ist, dann darf ich jemand bitten, dass er mir die Nähe Gottes in einem persönlichen Wort zusagt. Auch der Gottesdienst und die Gemeinschaft mit anderen Christen kann eine Hilfe dazu sein. Hier kann und darf es eine Vielfalt geben, wie Einzelne den Zuspruch der Gegenwart Gottes erfahren.

Die Nähe Gottes jedoch macht den Schmerzen nicht immer ein jähes Ende. Ich saß schluchzend auf dem Schoß der Mutter, die Knie taten immer noch weh. Weinen und Trost durch Nähe schließen sich nicht aus. Gerade das muss man durchbuchstabieren und aushalten, auch im Glauben. Oft wird eine falsche Erwartung genährt, als würde Gottes Nähe alle Schmerzen sofort auflösen. Psalm 23 gibt hier eine wichtige Hilfe. Gott ist da – auch im finsteren Tal. Gottes Nähe ist nicht abhängig von unserem Ergeben und Empfinden.

Eine besondere Zusage der Nähe Gottes ist der Segen. Segensworte und -zusagen werden mir persönlich immer wichtiger. Gott selbst spricht mir seine Nähe und Gegenwart zu. Er begleitet mich auf meinem Weg.

Eine besondere Zusage der Nähe Gottes ist der Segen.

Die Hilfe Gottes zugesagt

Der entscheidende Trost ist Gottes Nähe. Die Zusage Gottes „Ich bin bei dir" ist ganz wichtig. Sie gilt! Aber Gottes Nähe erschöpft sich nicht in seinem Dasein. Gottes Nähe verspricht auch Hilfe. Meine Mutter hat damals die Wunde versorgt, gereinigt und verbunden.

Wie Gottes Hilfe bei uns konkret aussieht, können wir ihm nicht vorschreiben. Ich bin jedoch zutiefst überzeugt, *dass* Gott hilft.

Die Zusage der Nähe Gottes ist die erste Hilfe. Ich bin nicht allein. Gott geht den Weg mit. Dies darf ich hoffen und glauben – gerade dann, wenn mir der Weg sehr schwierig scheint.

Gottes konkrete Hilfe wird ganz unterschiedlich erfahren. Er kann Kraft geben für den schweren Weg. Er kann die Verhältnisse wenden. Über seine Mittel und Zeitplanung verfügen wir nicht. Er bleibt über das Wie und Wann seiner Hilfe souverän. Aber er hilft.

Und Gott hat einen hilfreichen Trost bereit, wenn alle menschlichen Möglichkeiten an ihre Grenze kommen. Bei Gott ist Zukunft und Hoffnung und Ewigkeit.

Dr. Hartmut Schmid ist Pfarrer und Vorsitzender des Liebenzeller Gemeinschaftsverbands.

CHRISTIAN SCHNEIDER

Rico, ein Straßenjunge in Manila

Der weltberühmte Theologieprofessor Leonardo Boff aus Lateinamerika kam zur Gastvorlesung an die Uni in Basel. Ein Freund von mir, ebenfalls Dozent an der Uni, konnte ihn für ein Abendessen bei sich zu Hause gewinnen und lud mich dazu ein. Leidenschaftlich tauschten wir uns aus: über die Armen, die Slums dieser Welt, über Gott, die Bibel und uns Reiche. Das war spannend.

Vor dem Essen sprach Professor Boff das Tischgebet und begann wie folgt: „Gott, der du uns Vater und Mutter bist…" Das hat mich tief berührt! Sofort war ich bei den Tausenden junger Menschen in armen Ländern, die zwar Vater und Mutter haben, infolge der Armut aber ihre lebenswichtige Nähe, Fürsorge und Wertschätzung schmerzlich entbehren müssen.

Was das mit jungen Menschen machen kann, zeigt eindrücklich das Leben von Rico. Seine Geschichte beginnt im Slum einer staubigen Kleinstadt südlich der Hauptstadt Manila in den Philippinen.

Es ist schwül-heiß und stickig in der kleinen Slumhütte. Ein Blechdach, Wände aus Sperrholz und ein Fußboden aus nacktem Zement. Die einzigen Möbelstücke sind eine einfache Holzbank unter dem Fenster und vier zum Schrank umgebaute Holzkisten. Jetzt in der Nacht bedeckt ein ausgerollter „Banik", eine dünnen Bastmatte, den Fußboden. Sie dient den drei Brüdern als Bett.

Der jüngste von ihnen, der zehnjährige Rico, liegt schon seit einiger Zeit wach. Er stellt sich aber schlafend. Wie so oft ist er plötzlich aufgewacht und blinzelt vorsichtig zu seiner Mutter. Sie kauert im flackernden Licht einer rußigen Petrolfunzel auf der Holzbank und weint leise. Rico liebt seine Mutter über alles. Zu schwer trägt die kleine Gestalt, kaum größer als Rico selbst, unter der Last des Lebens. Der dicke Kloß in Ricos Hals wird immer schwerer. Aber er darf nicht weinen, er muss stark sein, wenigstens er. Er möchte seiner Mutter nicht noch zusätzlich Sorgen bereiten. Seine älteren Brüder sind schwach und sein Vater ist weg.

Der Gedanke an seinen Vater lässt in Rico diese vertraute Mischung von Sehnsucht und Hass hochkommen. Als Rico noch ein Baby war, verließ der Vater seine Familie – für immer. Warum können sie keine normale Familie sein – mit Mutter *und* Vater? Wo lebt der nur?

Eines Tages werde ich stark sein

Die Mutter arbeitet den ganzen Tag. Um fünf Uhr morgens schleicht sie sich aus dem Haus und kommt erst abends um zehn zurück, todmüde! Zu erschöpft, um sich die Sorgen der heranwachsenden Jungen anzuhören. Jeden Tag verbringt sie siebzehn Stunden auf dem staubigen Markt der Provinzhauptstadt, irgendwo im Süden der Philippinen. Schwere Körbe mit Gemüse muss sie schleppen, sortieren, bündeln und verkaufen. Ihr Verdienst reicht knapp für das Essen und die Schule der Kinder.

Ricos Gedanken kehren zurück zu den Geschehnissen am Abend. Wieder einmal hat es Streit gegeben mit einer

Horde von Nachbarskindern. Sein ältester Bruder wurde, wie so oft, grundlos verspottet und verlacht. Er wollte sich wehren. Dann trat ein halbbetrunkener Vater dazwischen, stürzte sich auf seinen Bruder, bog ihm beide Arme nach hinten und feuerte die wilde Meute an, den Wehrlosen zu verprügeln. Die schlugen dann auch zu, grölend und lachend, wie die Wahnsinnigen. Rico stand dabei, wie gelähmt durch die erdrückende Übermacht.

Er hasst dieses Gefühl der Ohnmacht und tiefen Erniedrigung. Wer sich nicht wehren kann in diesem Elendsviertel, wird einfach fertiggemacht. Eines Tages werde ich stark sein! Ich werde meine Brüder und meine Mutter rächen und beschützen ... Dies sind seine letzten Gedanken, bevor er endlich einschläft.

Ich werde meinen Vater töten

Inzwischen ist Rico dreizehn Jahre alt und arbeitet als Straßenverkäufer. Er will nicht länger – wie seine Brüder – der Mutter mit Schulgeld zur Last fallen. Auf der Straße findet er bald neue Freunde. Sie gehören einer Jugendbande an. Da geht es hoch her. Immer öfter bleibt Rico von der Schule weg und schließlich auch von zu Hause. Er hat all die Erniedrigungen im Armenviertel satt und auch das Weinen seiner Mutter. Seine Gefühle gegenüber seinem Vater werden zum alles verzehrenden Hass. Dieser Hass gibt ihm gewaltigen Antrieb: Seine Kaltblütigkeit und Brutalität reißt auch alle anderen Bandenmitglieder mit.

Mit vierzehn Jahren gründet er die Roten Teufel („Red Devils"), seine eigene Gang. Unter Rico als Führer wachsen die Roten Teufel schnell an Zahl und Einfluss. An seinem siebzehnten Geburtstag gehören schon mehr als zweihundert Mädchen und Jungs zu dieser Bande, die meisten sind älter als Rico. Die Bande ist in vier Gruppen untergliedert, die ihre eigenen Anführer haben. Sie treffen sich wöchentlich mit Rico. Von seinen Leuten wird er gefürchtet und gleichzeitig geliebt. Sie leben von Drogenhandel, Diebstahl und Überfällen. Wenn Rico doch einmal im Gefängnis landet, wird er durch seine Beziehungen schnell wieder herausgeholt.

Bei den „Kriegen“ mit verfeindeten Gruppen ist er immer ganz vorne mit dabei. So ist sein Körper bald von Narben übersät. Mit Messern, Benzinbomben mit Nagelfüllungen und anderen selbst gebastelten Waffen kämpft er mit seinen Jungs gegen verfeindete Gruppen und gegen die tödliche Langeweile. Als Boss stehen Rico auch alle Mädchen zur Verfügung. Der wilde Rausch mit Drogen, Sex und Gewalt wird geschürt vom allgegenwärtigen Hass auf seinen Vater. Er will nur eines: ihn suchen und umbringen!

Blutrausch

Rico ist noch keine achtzehn Jahre alt, da passiert etwas Schreckliches, das in seinem Leben zur großen Wende führt. Wieder einmal steht er mit seinen Leuten einer rivalisierenden Gruppe gegenüber. Diesmal soll der Streit mit der Faust, in einem „fairen“ Zweikampf ausgewählter Kämpfer, ausgetragen werden. Die Stimmung heizt sich immer mehr auf, die Beschimpfungen werden lauter und obszöner.

Plötzlich bemerkt Rico, wie der Kämpfer der verfeindeten Gruppe mit der rechten Hand ein langes Buschmesser aus seinem Hosenbund zieht. Er reagiert blitzschnell und schwingt eine in einem Socken eingenähte Billardkugel wie eine Schleuder in Richtung des anderen Jungen. Die Kugel trifft den Jungen genau auf die Stirn. Er fällt hart auf das Pflaster, rappelt sich aber wieder auf. Rico stürzt sich auf ihn und schlägt ihm nochmals mit der Kugel gegen den Kopf. Der verletzte Junge ergreift zusammen mit seiner Bande die Flucht. Im wilden Blutrausch jagt Rico ihnen mit seinen Leuten nach. Einer von Ricos Gruppe erreicht das Opfer zuerst und stößt ihm von hinten ein Messer in den Rücken; zwei andere Jungs holen ebenfalls auf und stechen mit ihren Messern zu. Zum Schluss stürzt sich auch Rico wie von Sinnen auf den blutenden Jungen und versetzt ihm mit seinem Messer den Todesstoß.

Rico muss fliehen. Nicht, weil er die Polizei fürchtet – mit ihr wurde er bisher immer fertig. Aber das Opfer ist der Sohn eines berüchtigten Drogenhändlers der Gegend. Und diese Familie wird nicht eher ruhen, bis Rico tot ist. Das Gesetz der Blutrache gebietet das.

Ein letztes Mal schleicht sich Rico zu seiner Mutter auf den Markt. „Ich liebe dich, Mutter, ich liebe dich über alles. Vater ist an allem schuld, ich muss weg – für lange Zeit weg …“ Er umarmt und küsst seine erschrockene Mutter und weint. Dann besteigt er einen Bus und reist für drei Monate kreuz und quer durchs Land, von einem Versteck ins nächste. Bei einer Tante hört er von einem Cousin in der Hauptstadt Manila, der in einer Gruppe mit Namen „Onesimo“ ein neues Leben ohne Drogen begonnen hat. Rico hat nicht mehr viele Möglichkeiten: Er fährt nach Manila, findet seinen Cousin Jon-Jon und wird in der christlichen Wohngemeinschaft aufgenommen.

Liebe ist stärker als Hass

Rico nimmt an einem Camp teil und macht einen zweiwöchigen Drogenentzug mit. Am Anfang hat er nur einen Gedanken: Er will herausfinden, wo sein Vater lebt, um ihn zu töten.

An den Abenden werden Lieder gesungen, einige erzählen den anderen die eigene Lebensgeschichte, es gibt geistliche Impulse und Gebete. Einmal leitet Pastor Noel die Teilnehmer in eine Meditation und fordert sie auf, ganz ruhig zu werden und die Augen zu schließen: „Stell dir jetzt vor, Jesus selbst steht vor dir. Er sieht dir direkt in die Augen. Du kannst seinem Blick nicht mehr ausweichen. Er ist gefüllt mit Liebe, unendlicher Liebe, gerade für dich … Was möchtest du ihm sagen?"

Rico macht mit und schließt seine Augen. Plötzlich durchzieht ihn von oben bis unten ein heißer Strom. Sein ganzer Körper überzieht sich mit einer Gänsehaut. Im selben Moment verliert er die Kontrolle über sich und beginnt hemmungslos zu weinen. Noel nimmt ihn in die Arme. Rico schluchzt und sagt immer wieder: „Ich muss weg von hier, lasst mich gehen …"

Die Mitarbeiter beten mit ihm. Noel spricht ihm ruhig zu: „Lauf jetzt nicht weg, gib Jesus eine Chance … Er liebt dich – bedingungslos!"

Diese Begegnung mit Gott ist sehr eindrücklich für Rico. Er bleibt, wirkt aber oft abwesend und depressiv. Es folgen harte Wochen und Monate voller Kampf, Gebet, Selbstzweifel, aber auch Hoffnung – alles im Schutz der Gemeinschaft. Er spricht regelmäßig mit einem unserer Psychologen.

Nach drei Monaten besucht ihn seine Mutter bei Onesimo. Sie freut sich sehr über die sichtbare Veränderung in Ricos Leben. Gleichzeitig warnt sie, zu Hause sei allgemein bekannt, dass ihr Sohn umgebracht werde, sobald er in ihrer Stadt auftaucht. Unser Anwalt reist in die Provinzstadt, um zu klären, wie die rechtliche Situation aussieht. Er stellt fest: Die Namen von vier Bandenmitgliedern, Freunden von Rico, sind in Zusammenhang mit dem Tötungsdelikt in einem Polizeirapport erwähnt. Es besteht aber keine offizielle Anklage.

Das Wunder

Ricos Rachegefühle gegenüber seinem Vater werden immer mehr abgelöst von der tiefen Sehnsucht, ihn eines Tages zu sehen und ihm vergeben zu können. Zugleich ist da wieder sein alter Traum von einer vereinten, glücklichen Familie.

„In der Gemeinschaft waren es in erster Linie Angelito und Jaymar, die mir als ältere Brüder aus dem Loch halfen", erklärt Rico heute. „Sie ermutigten mich, ernsthaft dafür zu beten, dass ich meinen Vater finde. Das gab mir immer wieder Auftrieb."

Unserer Sozialarbeiterin gelingt es, zusammen mit Ricos Mutter den Wohnort von Ricos Vater ausfindig zu machen. Sie besucht den Vater und bereitet ihn – genau wie Rico – vorsichtig auf das Wiedersehen vor. Nach mehr als einem Jahr ist es so weit: Zusammen mit drei Onesimo-Mitarbeitern fährt Rico in die Provinz, wo sein Vater lebt. Es ist bereits Abend, als sie ankommen.

Der Vater hat Verwandte und Freunde eingeladen und ein Fest vorbereitet. Als die Besucher eintreffen, gehen die Lichter aus und das bekannte philippinische Lied „Anak" (Sohn), tönt über die Verstärkeranlage. Dann geht ein kleines Feuerwerk los. Schließlich wird es ganz still: Rico steht seinem Vater gegenüber! Er erzählt mit fester Stimme, für alle hörbar, was seiner Familie alles zugestoßen sei, weil der Vater gefehlt habe. Er beschreibt die Jahre der Not und Verzweiflung, spricht von seinem Hass, seiner Rachsucht, seinem moralischen Verfall und von seiner Sehnsucht.

Einen Moment ist es ganz still. Dann beginnt der Vater mit gebrochener Stimme, bittet seinen Sohn um Vergebung und fängt an zu weinen. Bald liegen sich Vater und Sohn in den Armen. Keiner der Anwesenden kann die Tränen zurückhalten. Schließlich fasst sich der Vater nochmals und erzählt, ohne sich rechtfertigen zu wollen, wie sich alles aus seiner Perspektive abgespielt hat: Als Rico noch ein Baby war, kämpfte sein Vater – frustriert über die Ungerechtigkeit – auf der Seite der „Kommunistischen Befreiungsarmee" (NPA) gegen die Militärdiktatur des damaligen Alleinherrschers Marcos. In einem Feuergefecht wurde er schwer verletzt und erholte sich nur langsam von seiner Lähmung. Er konnte nicht mehr zurück zu seiner Frau und seinen Kindern, wollte seiner Familie nicht noch zusätzlich zur Last fallen. Später verlor er endgültig den Kontakt zu ihnen. – Sein Bericht klingt glaubwürdig. Ein

Keiner der Anwesenden kann die Tränen zurückhalten.

Sprachfehler als Überbleibsel von der Lähmung und seine von Narben entstellte Bauchdecke belegen seine Geschichte.

Rico hat noch einen langen Weg vor sich, aber er ist entschlossen, mit Jesus durchs Leben zu gehen. Nach Abschluss der zweijährigen Rehabilitation besucht er die Onesimo-Schule. Sein Wunsch ist es, eines Tages mit seinen Brüdern und Eltern vereint zu leben. Sein Vater plant tatsächlich, so erzählt er mir, zur Familie zurückzukehren.

Rico ist einer von vielen Hunderten, die in einer der heute 30 Onesimo-Lebensgemeinschaften ein neues Leben begonnen haben. (Mehr dazu unter www.onesimo.ch) Der junge Mann wünscht, dass ich seine Geschichte überall auf der Welt erzähle, überall wo ich hinkomme. Hier seine eignen Worte: *„Die Rächer aus meinem alten Leben mögen mich einholen, ich fürchte mich nicht mehr vor dem Tod. Ich weiß jetzt, dass ich zu Gott gehöre und wo ich hingehe.“*

Ja, Rico hat bei Gott Trost und ein Zuhause gefunden.

Christian Schneider ist Dipl. Pflegefachmann und wohnt in Basel. Von 1988 bis 2003 lebte er insgesamt 13 Jahre in den Slums von Manila, davon 9 Jahre mit seiner Familie.

Nikolaus Schneider

Schneisen im Wald der Trauer

Es gibt einen Moment in meinem Leben, in dem ich mich so sehr nach Trost gesehnt habe wie nie zuvor und bisher auch nicht danach. Das war der 3. Februar 2005.

Am Nachmittag dieses Tages ist unsere jüngste Tochter Meike im 22. Lebensjahr gestorben. Sie war an Leukämie erkrankt und erfolgreich mit Chemotherapie und danach mit einer Knochenmarktransfusion behandelt worden. Aber zwei Male kehrte der Blutkrebs zurück. Während der letzten Behandlungsphase kam eine Lungenentzündung dazu, die ihren Tod verursachte.

Wir haben Meike in dieser Zeit ganz eng begleitet. Meine Frau und ich hielten ihren Kopf in unseren Händen, als sie starb. Wir konnten sie einfach nicht mehr im Leben festhalten. Ich konnte nichts mehr halten. Im Moment ihres Todes tat sich der Boden unter meinen Füßen auf. Die Zeit stand still. Ich war mit meiner Kraft vollständig am Ende. Und meiner Frau ging es ebenso. Es ist mit Worten nicht angemessen zu beschreiben, was in diesem Moment geschah.

Als ich nichts mehr halten konnte, weder meine Tochter, noch jemanden anderen, noch mich selbst – da wurde ich gehalten. Das Sterben meiner Tochter war gleichzeitig der schrecklichste Moment meines Lebens und die tiefste geistliche Erfahrung, die ich bisher und danach gemacht habe. Ich kann nur mit ganz unzulänglichen Worten sagen: Ich war in Gottes Hand geborgen, von IHM gehalten, als nichts und niemand mehr etwas oder eben einen Menschen halten konnte.

„...wie einen seine Mutter tröstet“: Sie ist da, wortlos und stark; ohne Wenn und Aber, eine Lebenskraft, die auch der Tod nicht vernichten kann.

Am Sterbebett unserer Tochter waren meine Frau und ich nicht allein. Unsere beiden anderen Töchter waren da, auch die Schwester meiner Frau. Wir konnten zusammenstehen an Meikes Todeslager. Wir konnten uns an den Händen halten, Meike in unserer Mitte in den Kreis einschließen und miteinander singen, Gebete sprechen, auf das Gebetbuch der Bibel – die Psalmen – hören.

Zwei Elemente kamen zusammen: Wir waren füreinander da, einfach spürbar anwesend. Und Gottes Wort entfaltete eine tragende Kraft. Lieder wärmten unsere Seelen, lockerten die inneren Verkrampfungen und dämpften die Ängste angesichts der überwältigenden Erfahrung, dass der Tod mit seiner für Menschen unüberwindlichen Kraft in den Raum trat.

„...wie einen seine Mutter tröstet“: Sie fasst nach deiner Hand, spricht sanfte und gleichzeitig starke Worte, die dem Herzen Luft zum Atmen verschaffen, auch unter Tränen.

In diesen Zusammenhang gehört auch die erstaunliche Erfahrung, dass die Hochleistungsmedizin einer universitären Intensivstation mit einfühlsamer, ja sogar geistlich gegründeter Begleitung verbunden sein kann. Nicht allein durch die Krankenhausseelsorge, sondern auch durch Schwestern und Ärzte.

Es war tröstlich, dass so viele Menschen an uns gedacht haben und uns das auch spüren ließen. Besuche, Briefe, Mails – Nähe und Beistand haben wir von Freundinnen und Freunden, Nachbarn und vielen Menschen aus unserer Kirche erfahren. Worte haben unsere Seelen gestreichelt, wir wurden in den Arm genommen – aber auch mit Suppe gestärkt. Und es ist bis heute so, dass wir zum Todestag unserer Tochter Meike Post und Mails erhalten.

„…wie einen seine Mutter tröstet“: Sie ist zur rechten Zeit am rechten Ort und weiß handfest zu trösten.

Es war tröstlich, dass so viele Menschen an uns gedacht haben und uns das auch spüren ließen.

Ein großer Trauergottesdienst hat uns mit einer großen Gemeinde verbunden. Gottes Wort, die Predigt, Gebete und Gesang schlugen Schneisen in den Wald der Trauer. In der bergenden und schützenden Gemeinschaft vieler Menschen konnten wir Abschied nehmen, gedenken, einen Ort des Andenkens begründen und uns dessen vergewissern, dass der Tod in seiner ganzen Macht nicht das letzte Wort behält. Der Gott des Lebens, der in Jesus Christus durch den Kreuzestod zum Leben auferstand, ist die maßgebliche Bestimmung unsres Lebens. Das gilt für unsere Tochter Meike. Und wir glauben ganz gewiss, dass wir ihr folgen werden und einst mit ihr gemeinsam in der Gegenwart Gottes leben.

„…wie einen seine Mutter tröstet“: Sie weiß um starke und stärkende Gesten und Zeichen des Lebens und wirkt wie der Kristallisationskern einer großen Gemeinde.

Dieser Trost trägt uns bis heute, auch wenn unsere Herzen verwundet bleiben. Aber – Gott tröstet nachhaltig, bleibend, heute und in Zukunft.

Dr. Nikolaus Schneider war von 2003 bis 2013 Präses der Evangelischen Kirche im Rheinland. Von 2010 bis 2014 Ratsvorsitzender der EKD.

Gerdi Stoll

Der Traum

Es ist Montag, der 3. November 2014. Mit humpelndem Fuß, den ich mir vor vier Tagen gebrochen habe, gehe ich zum Briefkasten. Ein Brief von Christoph Morgner! Seine Anfrage, auch im Jahreslosungsbuch 2016 mitzuarbeiten. Und dann noch diese ganz besondere Jahreslosung! Sie hat mich spontan berührt.

Am Nachmittag befiehlt mir mein angeschlagener Fuß, mich hinzulegen. Ich schlafe tatsächlich ein und träume eine merkwürdige Begebenheit …

Ein junger Mann stand mir gegenüber. Er sah grimmig aus. Plötzlich ballte er die Faust und schlug auf mich ein. Das geschah nicht nur einmal. Seine ganze Aggression und Wut traf meinen Körper. Ich blieb still und wehrte mich nicht. Dieser junge Mensch meint eigentlich nicht mich, das waren meine Gedanken. Hinter ihm muss ein schwerer Weg mit tiefen Verletzungen liegen.

Ich schaute ihn an: „Weißt du, dass Gott trösten kann?“

„Nein, das weiß ich nicht. Ich habe noch nichts davon gehört, dass es einen Gott gibt, der trösten kann.“

„Komm, setzen wir uns doch hin“, antwortete ich. „Ich möchte dir erzählen, wie ich diesen Gott in meinem Leben erfahren habe, der wirklich trösten kann.“

Er setzte sich hin. Sein Blick beruhigte sich – und ich wurde (leider) wach.

Ein Traum, für mich ein göttliches Geheimnis!

Dieser Gott der Bibel ist mein himmlischer Vater. Ich habe ihn schon als Kind durch mein Elternhaus kennengelernt. Ich bin sein Wunschkind. Er nimmt mich wahr mit meinen Stärken und Schwächen. Er ist mein Seelsorger durch alle Lebensjahre hindurch. Ob meine Wege eben oder steil und steinig sind, er ist da. Er freut sich, wenn es mir gut geht. Er leidet mit, er trauert und weint, wenn Schweres mir bevorsteht. Diese seine Haltungen begegnen uns in seinem Sohn Jesus Christus. Er sagt: „Wer mich sieht, der sieht den Vater."

Dieser Gott sehnt sich nach der Begegnung mit seinen Menschen, die er geschaffen hat, mit seinen Kindern – wie ein Vater und wie eine Mutter, die ihre Kinder von Herzen lieben. Das habe ich schon auf vielfältige Weise erfahren. Dafür nur einige Beispiele:

Als Kind musste ich die Flucht mit meinen Eltern aus der ehemaligen DDR innerlich verarbeiten. Damals wischte meine gläubige Großmutter mit ihrer ganzen Liebe und Zärtlichkeit meine Tränen ab. Durch ihre liebevolle Art leuchtete das tröstende mütterliche Wesen meines Gottes hindurch.

Während der Pubertät erfuhr ich die himmlischen Tröstungen in dem festen Vertrauen, das mein gläubiger Vater für meine Zukunft in mich setzte.

Auf den Wegen an der Seite eines Pfarrers, mit dem ich dann verheiratet war, lagen so manche Stolpersteine, die es zu überwinden galt. Wie oft habe ich die mütterliche Fürsorge und Tröstung meines himmlischen Vaters erfahren! Da gab es Christen, die ermutigt und gebetet haben. Losungsworte aus der Bibel zur richtigen Zeit waren persönliche Worte, die mein himmlischer Vater zu mir sprach. Sie richteten mich auf. Ich habe erfahren, dass durch seine Gegenwart Enttäuschungen und Verletzungen verwandelt werden und in einen inneren Frieden führen können.

Ich vergesse nicht den Tag, als ich in einem Hospiz einen Besuch machte. Der diensthabenden Schwester spürte ich im Gespräch ab, dass ihr nicht nur ihre „Gäste" am Herzen liegen, sondern auch deren Angehörige. Sie schaute mich an und nahm wahr, was mich so stark berührte. Sie streichelte meine Hand und sprach mir Trostworte zu. Durch sie spürte ich eine himmlische Kraft und seinen göttlichen Segen. Froh und dankbar konnte ich weitergehen.

In unserer Großfamilie sind wir durch Krankheit, Behinderung und Tod herausgefordert worden. Dabei habe ich erfahren, wie vielfältig die himmlischen Tröstungen sein können, gerade in Situationen, die nicht veränderbar sind: Nach einer Schreckensnachricht berührte mich Gott in meiner tiefen Traurigkeit, indem er mir auf einem virtuellen Bildschirm ein tröstendes Wort gab, das ich mit meinem inneren Auge sehen konnte. Das begleitete mich in der darauffolgenden Zeit und stärkte mein Vertrauen.

Ich kenne Zeiten, in denen ich im Gebet mit Gott gekämpft habe. Ich kenne auch Zeiten, in denen mein Gebet nur aus Schweigen bestand und ich „unter dem Schatten seiner Flügel" Zuflucht und Geborgenheit suchte und darin eine tiefe Tröstung erfuhr.

Ich kenne Zeiten, in denen mein Gebet nur aus Schweigen bestand.

Als nach dem Tod unseres zweijährigen, schwerkranken

Enkelkindes eine andere Kinderfamilie ein Mädchen mit Down-Syndrom bekam, nahm ich in meiner inneren Betroffenheit wahr, wie Gott zu mir sprach: Das ist ein Kind fürs Leben. Das ist ein Kind aus meiner bunten Schöpfungsvielfalt. Dieses Kind trägt in sich eine Botschaft für euch. Diese Worte waren für mich Tröstung, Ermutigung und Stärkung.

Mein heutiger Traum lässt mich noch nicht los … In was für einer aufgewühlten, aggressiven und friedlosen Welt leben wir, persönlich und weltweit! Wie schaffen wir unsere Lebensreise, ohne dabei unterzugehen? Wie wichtig ist doch unser Zeugnis von dem Gott, der heilig und allmächtig ist und allem Anschein zum Trotz voll und ganz im Regiment sitzt. Es ist dieser Gott, der Mensch wird und sich selbst verletzen lässt. Durch seinen Tod und seine Auferstehung sollen wir leben – immer und ewig. Er will unsere Verletzungen heilen, damit wir einander vergeben können. Seine Arme sind offen wie die einer Mutter oder eines Vaters, um ihr Kind zu trösten.

Unsere Zeit steht in der Gefahr, den Gott der Bibel aus dem Auge zu verlieren. Brauchen die Menschen unserer Tage in ihren Herausforderungen nicht genau diese Botschaft, dass unser Gott wie eine Mutter trösten kann?!

Gerdi Stoll ist Pädagogin, Pfarrfrau und Referentin in Mötzingen.

Ekkehart Vetter

Himmlische Gänsehaut

Es ist lange her, aber jedes ihrer Gebete begann mit den Worten „Heilige Majestät!“ Hier und da hörte ich Gebete dieser alten Dame aus der Gemeinde, in der ich aufwuchs. Mit diesen beiden Worten redete sie ihren Gott an. Merkwürdig – warum erinnere ich mich bis heute daran? Vielleicht, weil eine Mischung aus ehrfürchtigem Erschaudern und himmlischer Gänsehaut mitschwang. In unserer mittlerweile demokratiegeprägten Gesellschaft und ihrer Sprache kommen „heilige Majestäten“ nicht mehr vor. Und selbst die „heiligen Väter“ in Rom werden für das Volk attraktiver, wenn sie zum Anfassen volksnah sind. Franziskus, unterwegs im stinknormalen Mittelklassewagen wo auch immer auf diesem Globus, lässt grüßen.

„Heilige Majestät!“ Hatte die alte Dame nicht doch recht? Von Gott reden, mit Gott reden – darf, ja muss es nicht um Gottes willen majestätisch sein? Haben wir es nicht mit dem Allmächtigen, dem Herrn der Heerscharen zu tun?

Ich erinnere mich an ein besonderes Erlebnis. Es war in Jerusalem. Nirgendwo auf dieser Welt kann man die unterschiedlichsten Konfessionen und Traditionen auf so engem Raum erleben wie auf einem Quadratkilometer Jerusalemer Altstadt. Ich besuchte eine armenische Messe, verstand zwar kaum etwas, wollte aber die Atmosphäre miterleben.

Der ganze Gottesdienst wurde stehend (oder kniend) gefeiert. Mit einem Mal kam ein Mann auf mich zu und bedeutete mir, dass ich die Hand aus der Hosentasche nehmen solle. Was ich bewusst gar nicht bemerkt und registriert hatte, eine Geste der Lässigkeit, war für ihn eine Ehrverletzung der „Heiligen Majestät"! So steht man nicht vor dem Allmächtigen!

Mit diesen Gedanken lese ich Jesaja 66. Hier ist, je nach biblischer Übersetzung in etwas unterschiedlicher Terminologie, von Geburt, von schreienden Babys, von Muttermilch und Saugen an der Mutterbrust die Rede, von Babys, die auf den Knien und der Hüfte geschaukelt und von ihrer Mutter liebkost werden. Diese Bilder sind schön, sind Alltag pur. Ich habe ich weiß nicht wie viele Beispiele vor Augen. Schließlich haben meine Frau und ich sechs Kinder großgezogen und innerhalb weniger Jahre sind wir zehnmal Großeltern von solchen süßen Kleinen geworden, die Jesaja so alltagsnah beschreibt.

Allerdings ist die Absicht von Jesaja 66 nicht, Familienalltag zu beschreiben oder Erziehungsratschläge zu geben. Hier wird Gott selbst beschrieben. Das seinen Hunger und seine Angst herausschreiende Baby – das bin ich, das sind wir Menschen. Die von Milch überfließende Brust, die ihr Kind stillende und liebkosende Mutter – das ist Gott.

Das seinen Hunger herausschreiende Baby – das bin ich.

Ich will die „Heilige Majestät!" und die ihr Kind stillende, tröstende und liebkosende Mutter nicht gegeneinander ausspielen. Beide Bilder sind in der Bibel verortet. Aber: Je majestätischer, desto distanzierter ist ER, je mütterlicher, desto näher kommt ER mir, desto mehr suche ich IHN im Alltag. Vielleicht habe ich, haben wir es besonders nötig, dass der uns liebende Gott und die ihr Kind tröstende Mutter in unserer Vorstellung von IHM immer deckungsgleicher wird?

Ekkehart Vetter ist Präses des Mülheimer Verbands und Pastor der Christusgemeinde Mülheim/Ruhr.

Jill Vogt

Der Ganz-mach-Tisch

Ich hatte den sogenannten Babyblues im Verlauf eines einzigen Tages, kurz nach der Geburt meines ersten Kindes. Während sich meine eigene Mutter, die zum Helfen gekommen war, um das Neugeborene kümmerte, überwältigte mich das Gefühl der Ohnmacht und Angst, ob ich die Bedürfnisse meiner kleinen Tochter je würde stillen können. Ich hatte ja noch keine Erfahrung mit Kindern. Würde ich alles richtig machen? Was, wenn sie anfängt zu weinen und nicht mehr aufhört? Wie sollte ich wissen, was sie braucht oder wie ich sie trösten soll? Und später, wenn sie einmal größer würde und ihre Probleme ebenfalls größer – was dann? Würde ich sie vor den Gefahren dieser Welt beschützen können? Würde ich ihr jemals als Mutter gerecht werden? Dies waren die Sorgen, die mir zu schaffen machten, während ich heulend dasaß und die Selbstzweifel an mir nagten.

Wie die meisten Eltern schlugen sich mein Mann und ich die ersten Wochen durch, lernten aus Fehlern, entwickelten nach und nach ein Gefühl für die Bedürfnisse unserer Tochter und fanden Wege, sie zu trösten, wenn sie weinte.

Doch bald schon kam die nächste Sorge: Ich erwartete mein zweites Kind und fragte mich nun, ob ich denn auch dieses Baby würde so lieben können wie meine Tochter. Meine Mutterliebe zwischen zwei Kindern zu teilen schien mir unmöglich. Ich hatte keine Ahnung, dass ein Wunder geschehen und ich die erstaunliche Fähigkeit empfangen würde, mein zweites Kind ganz genauso intensiv zu lieben wie das erste. Aber die Fragen hörten nicht auf: Wie sollte ich es schaffen, für beide Kinder da zu sein, wenn sie in schwierigen Tagen meine Aufmerksamkeit und meinen Trost brauchten? Erst nach und nach lernte ich die Antwort: Es gelingt aus Gnade im Vertrauen auf Gott.

Ich vermute, dass die Fähigkeit, Kinder zu trösten, ganz tief im mütterlichen Instinkt verwurzelt ist. Mütter wissen genau, dass trösten mehr ist als zerbrochene Dinge wieder ganz machen oder Streit schlichten, wenn zwei Trotzköpfe aneinandergeraten sind. Trösten heißt, sich hinknien, die Arme weit ausbreiten und das Kind ganz fest und liebevoll an sich drücken. Es heißt, das Herz öffnen und den Schmerz mitfühlen. Es heißt, ganz da sein für das verletzte Kinderherz und Hoffnung schenken. So wie Jesus es getan hat.

In unserer Familie gab es den „Ganz-mach-Tisch". Im Haushalt geht ja immer wieder mal etwas kaputt, und oft genug kamen die Kinder mit Tränen in den Augen zu ihrem Vater gelaufen: „Papa, mach es wieder ganz!" Manches ließ sich sofort reparieren, anderes brauchte mehr Aufmerksamkeit und Zeit, und diese Dinge landeten dann auf dem Ganz-mach-Tisch, um später dranzukommen (oder ganz vergessen zu werden).

Mir scheint, manchmal ist Gott wie ein Vater zu uns, zu dem wir kommen dürfen mit all den Dingen, die repariert oder instand gesetzt werden müssen. Wir beten zu Gott und nennen ihm die Dinge, die er auf seinen Ganz-mach-Tisch legen soll. All die Probleme, für die wir keine Lösung wissen, oder die Wünsche, die wir für uns selbst und für andere haben. Es kann hilfreich sein, sich Gott mit diesem Bild eines Vaters vorzustellen und daraus Mut zu schöpfen, all unsere Gebetsanliegen an ihn zu richten.

Der Ganz-mach-Tisch hatte aber auch seine Grenzen. Manchmal kamen unsere Kinder mit Tränen in den Augen, nicht weil ein Gegenstand zerbrochen war, sondern weil sie sich selbst verletzt oder kaputt fühlten. Die Zerbrochenheit, die ihnen Kummer machte, war innen, an einem Ort, an den man nicht so einfach mit Tesafilm oder Klebstoff herankommen konnte. Wenn immer das Herz so zerbrochen war durch einen kleinen oder großen Schmerz, wandten sie sich an ihre Mama, die zwar nicht alles reparieren konnte, dafür aber ganz doll lieb haben.

Gott ist so groß, dass er sich wie ein Vater und wie eine Mutter zugleich uns zuwenden kann. In diesem Jahr haben wir jedoch die wunderbare Gelegenheit, darüber nachzudenken, dass Gott uns wie eine Mutter tröstet und lieb hat. Eine Mutter hält das Kind in ihrem Arm, lässt es zu, wenn die Kindertränen das Kleid durchnässen, und ist vielleicht selbst zu Tränen gerührt. Das Kind spürt, dass es ohne Bedingung geliebt und angenommen ist, dass es loslassen kann, was Kummer macht, und sich in der heilenden Wärme der Umarmung geborgen fühlen darf.

Manchmal brauchen wir Gott als eine tröstende Mutter, die uns in bedingungsloser Liebe an ihr Herz drückt.

Und so ist es auch mit Gott. Manchmal brauchen wir Gott als einen starken Helfer, der wieder ganz macht, was uns misslungen oder kaputtgegangen ist. Manchmal brauchen wir Gott als eine tröstende Mutter, die verständnisvoll mitfühlt, was uns beschwert und schmerzt, und uns in bedingungsloser Liebe an ihr Herz drückt. Von dieser Seite Gottes spricht die Jahreslosung, dass Gott trösten kann wie eine Mutter, die ganz für uns da ist, die ihr Herz für uns öffnet und unsere innere Zerbrochenheit mit ihrer unerschöpflichen Liebe heilt.

Jill Vogt ist Pfarrerin der Brüdergemeine in Herrnhut.

RUDOLF WESTERHEIDE

Und immer ein kleines bisschen mehr

Es war der Schock meines Lebens: Am Ende des ersten Semesters durchgefallen in der Hebräischprüfung! Nicht nur, dass jetzt eine Extrarunde Sprachstudium vor mir lag, schlimmer war die ganz neue, niederschmetternde Erfahrung des Versagens. Nun gut, eine gewisse Interferenz Unstimmigkeit zwischen der Logik der alttestamentlichen Sprache und meiner intellektuellen Wellenlänge, hatte sich mir und dem Dozenten schon während der vorangehenden Monate offenbart. Aber dass etwas, auch wenn es sich als Herausforderung darstellt, letzten Endes tatsächlich nicht klappt, hatte ich bis dahin weder erlebt, noch mir wirklich vorstellen können. Ich war enttäuscht, vor allem aber verwirrt.

Direkt von der Uni fuhr ich nach Hause, wo mich meine Eltern, durch einen Anruf aus der Telefonzelle am Autobahnrasthof vorgewarnt, erwarteten. Mit dem Läuten öffnete sich bereits die Tür und meine Mutter zog mich wortlos an sich. Nach der herzhaften Umarmung und einem Kuss auf die Wange führte sie mich an den schon gedeckten Tisch zum Essen.

So trösten Mütter. Sie erklären nicht, warum alles nicht so schlimm ist. Sie schildern nicht, wie sich später alles zum Guten wenden wird. Jedenfalls nicht nur. Nicht vor allem und nicht zuerst. Zuerst nehmen Mütter in den Arm. Sie trösten eigentlich nicht, sie *sind* der Trost. Wenn die Mama da ist, ist für das Kind die Welt in Ordnung.

Von eben dieser Art ist der Trost, den Gott spendet. „Gott

nahe zu sein ist mein Trost" kann man in Abwandlung der Jahreslosung 2014 sagen. Und das Besondere: Dieser Trost richtet sich nicht nur an diejenigen, die schuldlos in eine bedrängte Lage geraten sind oder denen Unrecht getan wurde. Der mütterlich-göttliche Trost gilt auch denen, die sich ihr Unglück selbst eingebrockt oder anderen Unrecht getan haben.

Eine unserer Töchter hatte, trotz der immerwährenden Ermahnung, die schönen alten Türen in unserem Haus vorsichtig zu schließen, die Verbindungstür zwischen Küche und Wohnzimmer mit solch vergnüglicher Wucht ins Schloss geknallt, dass dabei eine der alten Scheiben zu Bruch gegangen war. Ich sehe sie noch vor mir, wie sie mit schlechtem Gewissen vor den Scherben und einem möglichen elterlichen Donnerwetter stand. Wie groß war die Erleichterung, als meine Frau sie, aus intuitivem Verständnis für ihre Situation, tröstend in den Arm nahm und ihr Gelegenheit gab, ohne vorangegangenen Vorwurf das befreiende „es tut mir leid" zu sagen.

Dieser Aspekt leuchtet auch in der wunderschönen Jahreslosung auf. Erster Adressat dieses Trostes ist das Volk Israel. Genauer gesagt ist es das kleine Häufchen derer, die aus der Gefangenschaft nach Jerusalem heimgekehrt sind. Nicht im Triumphzug sind sie dort eingezogen, sondern angeschlagen und voller Sorge, ob es ihnen gelingen würde, in der Heimat ihrer Eltern wieder Fuß zu fassen. Sie haben nicht nur ihre persönlichen Sorgen und Leiderfahrungen im Gepäck, sondern ihnen sitzen die letzten Jahrhunderte des ganzen Gottesvolkes in den Knochen. Das dauernde Wechselspiel von Abfall und Gericht, Buße und Erbarmen hat sie geprägt. Nicht nur was ihnen an Leid widerfahren ist, sondern mehr noch die eigene Schuld drückt sie nieder und macht sie furchtsam.

Diesen Menschen sagt Gott: „Ich werde euch trösten. Ich werde euch in den Arm nehmen, sodass ihr in meiner Gegenwart heil werden könnt.“ Dieser Trost ist dem hebräischen Wortlaut nach keine bloß geistige oder seelische Angelegenheit. Der Trost Gottes enthält das, was man zum Leben braucht – und immer ein kleines bisschen mehr: ein Dach über dem Kopf, Schutz, Sicherheit, Brot, Wasser … und eben das abendliche Glas Wein noch dazu.

Auch das ist ja mütterlich: Den einen Arm um das weinende Kind gelegt, greift sie mit der anderen Hand in die Kiste mit den Süßigkeiten. Diese ganzheitliche persönliche Zuwendung unterscheidet Trost von Vertröstung. „Das wird schon wieder“ – so geht Vertröstung. Einen geschlagenen und belasteten Menschen in den Arm nehmen, Wunden heilen und einen neuen Anfang ermöglichen, das ist Trost.

Einen belasteten Menschen in den Arm nehmen und einen neuen Anfang ermöglichen, das ist Trost.

Was mein Vater im Anschluss an die versemmelte Prüfung sagte, war auch wichtig: „Mach dir keinen Kopf. Beim zweiten Versuch packst du das. Wieso denn gerade du nicht?“ Noch wichtiger war, was nicht gesagt wurde: „Hast du denn auch genügend gelernt? Hättest du nicht besser den zeitintensiven Sport aufgegeben? Hast du das Ganze auch ernst genug genommen?“ Der Tröster oder die Trösterin verzichtet darauf, die eigenen Anteile des in Not Geratenen an dem Schlamassel auszuwalzen.

So machte Gott es damals mit dem Volk in seiner bestimmten Situation. So macht er es mit uns, in unseren Verletzungen und Ängsten. Und diese Trostzusage gilt auch für die Gemeinde Jesu in ihrer Gesamtheit. Gott will die trösten, die als Teil der Kirche Jesu Christi leiden und diejenigen, die an dieser Kirche leiden. Er tröstet seine Kinder über Leid und Verfolgung, über Versagen und Selbstzweifel hinweg bis in die Ewigkeit. Er tut es weniger durch Worte, und vielmehr durch die heilsame Gegenwart seines Heiligen Geistes. Gott tröstet eigentlich nicht, er ist der Trost. „Gott nahe zu sein, ist mein Trost."

Rudolf Westerheide ist Bundespfarrer und Leiter des Deutschen EC-Verbandes in Kassel.

Bärbel Wilde

Die Bestrafung entfiel

Ein Erlebnis hat sich meinen beiden älteren Geschwistern unauflöslich eingeprägt. Es war Winter und bitterkalt. Meine Mutter hatte den beiden verboten, aufs Eis zu gehen. Der Fluss, die Else, war in Bünde von einer Eisschicht überzogen. Die beiden gingen natürlich doch zum Fluss ... und aufs Eis. Es war einfach zu verlockend.

Nach kurzer Zeit brach meine Schwester ein. Mein Bruder versuchte, sie aus dem Wasser zu ziehen. Doch auch unter ihm brach das Eis weg. Die beiden kämpften sich an den brechenden Eisschollen vorwärts. Schließlich schafften sie es bis zum anderen Ufer. Von dort aus konnten sie nicht über das Eis zurück. So liefen sie am Ufer entlang zur nächsten Brücke und kamen schließlich – als zwei Eiszapfen – zu Hause an.

Ein Nachbarskind, das meine Geschwister beobachtet hatte, hatte natürlich nichts Wichtigeres zu tun, als in der Zwischenzeit zu meiner Mutter zu laufen und zu melden: „Dieter und Isolde sind im Eis eingebrochen!"

Was für ein Schock für meine Mutter, sie rechnete mit dem Schlimmsten! Und da kamen die beiden Kleinen auch schon. Mutter war in diesem Augenblick erleichtert, aber plötzlich auch wütend. Warum hatten die Kinder nicht auf sie gehört, sondern einfach gegen ihr Verbot gehandelt?

Sie, die sonst nie ihre Erziehung durch Schläge untermauerte, nahm den Teppichklopfer, holte aus – und traf statt ihrer Kinder die Deckenlampe. Die Glassplitter fielen zu Boden und die Bestrafung entfiel. Stattdessen setzte sie die beiden vor den Kohleofen, damit die Kleidung auftaute. Dann zog sie ihnen die nassen Sachen aus, steckte sie in die warme Badewanne und dann ins Bett. Dort gab es noch einen heißen Kakao – wie zur Belohnung. Übrigens haben meine Geschwister alles überstanden, ohne krank zu werden.

„Gott will uns trösten wie eine Mutter." Als ich darüber nachdachte, wie uns unsere Mutter tröstete, fiel mir diese alte Geschichte wieder ein. So will Gott trösten.

Meine Mutter sprach ein klares Verbot aus. Nicht, weil sie den Kindern den Spaß nicht gönnte, sondern um sie vor schlimmen Erfahrungen zu bewahren. Gott gab uns sein Wort nicht, um uns das Leben zu vermiesen, sondern um uns vor dem Zusammenbruch zu bewahren. Im Nachhinein erkennen wir Begrenzungen oft als Bewahrungen. Wie tröstlich: Gott macht sich Sorgen um uns. Er will nicht, dass wir zugrunde gehen.

Wie oft setzen wir uns über seine Gebote hinweg. Wir wollen selber bestimmen, auf großem Fuß leben. Dabei bewegen wir uns auf dünnem Eis. Bei unserem Übermut und Ungehorsam kann Gott auch zornig werden. Doch seine Strafe blieb am Kreuz hängen.

Wenn wir zu ihm kommen, wärmt Gott uns auf. Entfrostet uns mit seiner Liebe. Erwärmt unser Herz.

Gott befreit uns von unseren alten Klamotten. Seine Vergebungsbereitschaft und Gnade ist ein großer Trost.

Gott gönnt uns Ruhe. Und er beschenkt uns. So wie es Jochen Klepper in seinem Adventslied „Die Nacht ist vorgedrungen“ schreibt: „Als wollte er belohnen, so richtet er die Welt …“

Aber ich glaube, der wichtigste Trost ist einfach seine Gegenwart, sein Da-Sein. Trost heißt im Lateinischen: „consolatio“. Darin ist das Wort „solus“ enthalten: jemand ist allein. Und die Vorsilbe „con“ bedeutet: Da ist jemand bei dem, der allein ist. Trost ist also Zuwendung. Das lindert den Schmerz, die Enttäuschung und die Traurigkeit.

Das griechische Wort für Trost bedeutet auch „Ermutigung“. Paulus schreibt im Römerbrief: „Missachtet ihr die große Güte, Nachsicht und Geduld, die Gott euch bis jetzt erwiesen hat? Seht ihr nicht, dass er euch durch seine Güte zur Umkehr bewegen will?“ (Römer 2,4; Gute Nachricht)

Meine Geschwister gingen damals nach Hause, obwohl sie etwas getan hatten, das ihnen meine Mutter strikt verboten hatte. Mit schlechtem Gewissen. Aber das Vertrauen in die Liebe meiner Mutter war größer als die Angst vor ihrem Zorn. So können auch wir mit unserem Versagen zu Gott kommen. Trotz unseres Ungehorsams.

Ich liebe das Bild von Rembrandt: „Die Heimkehr des verlorenen Sohnes“. Die beiden Hände des Vaters ruhen auf den Schultern des Sohnes. Doch die Hände sind ungewöhnlich. Schauen Sie sich das Bild einmal genau an: Rembrandt hat nicht zwei gleichartige Hände gemalt, sondern zwei verschiedene. Die eine Hand ist eine kräftige Männerhand, die andere dagegen eine feingliedrige Frauenhand.

Rembrandt hat zwei verschiedene Hände gemalt, eine kräftige Männerhand und eine feingliedrige Frauenhand.

Gott tröstet, wie eine Mutter ihr Kind tröstet. Er ist da. Seine mütterliche und seine väterliche Hand drücken mich an sein Herz. Er nimmt mich an und vergibt.

Bärbel Wilde ist Pfarrerin i. R. in Lüdenscheid.

Eberhard Winkler

Gottvertrauen macht getrost

Meine Eltern gaben sich alle Mühe, uns vier Brüdern eine glückliche Kindheit zu bereiten. Wir wuchsen behütet heran, bis der Krieg unsere Familie traf. Meine Mutter verlor innerhalb weniger Monate ihren ältesten, siebzehn Jahre alten Sohn, ihren Mann, ihren Besitz und ihre Gesundheit. Sie erkrankte an der damals sogenannten sibirischen Gelbsucht, lag im Koma und kehrte wie durch ein Wunder ins Leben zurück, erlangte aber ihre alte Kraft, die der Bauerntochter eigen war, nie wieder. Ihr Mann, der sie sonst auf Händen getragen hatte, konnte ihr nicht helfen, und wir Kinder noch weniger.

Dass eine Mutter ihre Kinder tröstet, halten wir für selbstverständlich. Aber dass auch eine Mutter Trost braucht, war mir damals wohl nicht klar. Was unsere Mutter gelitten hat, wurde mir erst später bewusst. Sie ertrug die einem Hiobsschicksal ähnlichen Schläge mit stillem Gottvertrauen. Ihre Kraft lag in dem Glauben, dass denen, die Gott lieben, alle Dinge zum Guten mitwirken (Römer 8,28).

Dieses Vertrauen übertrug sie auf uns drei Brüder. Materiell waren wir arm, denn das gutbürgerliche Leben, das unser Vater als leitender Ingenieur früher gewährleisten konnte, hatte der Krieg zerstört. Wir fanden aber Zuflucht bei Verwandten in der sächsischen Heimat meines Vaters und geistliche Heimat in einer lebendigen Gemeinde.

Jahrzehnte später schenkte Gott meiner Frau und mir ebenfalls vier Kinder. Sie konnten im Frieden aufwachsen, und wir Eltern durften unsere Kinder gemeinsam begleiten, bis sie selbstständig wurden und ihre eigenen Familien gründeten. „Wie einen seine Mutter tröstet“, habe ich bei den eigenen Kindern und bei den Enkelkindern beobachtet, und ich habe mich auch selbst daran beteiligt. Ob die Kinder einen Unterschied empfanden, wenn ich als Vater oder Großvater sie zu trösten versuchte? Manchmal erlebte ich, dass meine Zuwendung weniger Erfolg hatte als der mütterliche Trost.

Einmal versuchte ich mich bei einem Enkel als Babysitter, damit seine Eltern ausgehen konnten. Sobald er erkannte, dass ich weder seine Mutter noch sein Vater war, schrie er aus Leibeskräften. Ich wandte alle mir verfügbaren Tricks an und bot alle großväterlichen Kräfte auf, doch ohne Erfolg. Der Vater musste kommen – und sofort kehrte Ruhe ein. Ich war für das Baby keine eng vertraute Person und konnte deshalb nicht trösten, weder wie eine Mutter noch wie ein Vater.

Kleine Kinder fühlen sich meistens bei der Mutter am besten aufgehoben. Möglich ist aber auch, dass sie sich beim Vater am stärksten geborgen fühlen, zum Beispiel wenn sie Angst vor einem fremden Menschen oder vor einem Hund haben. Der Vater repräsentiert dann die beschützende Kraft, die Mutter die behütende Zuwendung. Es handelt sich nicht um starre Rollenzuweisungen, sondern um variable Weisen der Zuwendung.

Als meine Frau und ich mit unseren Kindern und deren Familien sowie den noch lebenden Teilnehmern unserer Hochzeit die Goldene Hochzeit feierten, hielt einer unserer Söhne eine kleine Rede, in der er drei Dinge nannte, die unsere Kinder aus ihrem Elternhaus als besonders wichtige Güter mitgenommen hätten: Gottvertrauen, Familie und Humor. Dass das Gottvertrauen an erster Stelle steht, freut meine Frau und mich besonders.

Unsere Kinder sind in der DDR aufgewachsen und standen mit ihrem Glauben oft allein. In der Familie fanden sie die Keimzelle der Gemeinde, der sie auf je ihre eigene Weise verbunden sind.

Dass unser Sohn auch den Humor als Mitgift nannte, hat mich ebenso erfreut wie überrascht. Dabei ist Humor eine der Früchte des Gottvertrauens, denn das Gottvertrauen schafft die heilsame Distanz zu den Dingen, die Humor ermöglicht. Auch zwischen der Familie und dem Humor besteht ein enger Zusammenhang. Die Geschwister haben viel miteinander und auch übereinander gelacht, in der Regel mit positiven Motiven, selten aus Schadenfreude. Natürlich gab es Zank und Streit und Tränen, doch es überwog der gemeinsame Spaß.

Trösten hilft, ein akutes Problem auszuhalten und getrost in die Zukunft zu gehen.

Die älteren Brüder übernahmen manchmal auch elterliche Aufgaben, wozu gelegentlich das Trösten gehörte. „Wie einen seine Mutter tröstet“, das können auch Kinder üben. Das Trösten hilft, ein akutes Problem auszuhalten und getrost in die Zukunft zu gehen.

Dr. Eberhard Winkler ist Professor em. für Praktische Theologie in Halle/S.

BIRGIT WINTERHOFF

Schön, dass es dich gibt!

„Gut, dass du da bist!“ Ein schöner Satz. So begrüßt zu werden, tut gut. Der andere streckt mir seine Hand entgegen und freut sich ganz offensichtlich, dass ich gekommen bin. Er ist gespannt auf die Begegnung, auf gute Gespräche. Der freundliche Zuspruch von Menschen tut Leib, Seele und Geist gut.

Die entgegengestreckte Hand ist für mich zum Sinnbild geworden. So begegnet mir Gott jeden Tag neu. So streckt er mir an jedem Morgen seine Hand entgegen.

Gott streckt mir an jedem Morgen seine Hand entgegen.

„Gut, dass du da bist! Schön, dass es dich gibt!“ Gott hat mir mein Leben anvertraut und begegnet mir freundlich. Er hat mich geschaffen mit meinen Stärken und Schwächen und mit allen meinen Sinnen. Mit meinen Augen kann ich die Schönheit des Wolkenspiels am Himmel sehen. Meine Ohren freuen sich an den Harmonien eines Musikstücks. Mit meiner Nase kann ich den Blütenduft des Sommers einatmen. Mit meiner Zunge schmecke ich eine leckere Speise.

Da kann ich nur staunen und mit dem Beter eines Psalms einstimmen: „Ich danke dir dafür, dass ich wunderbar gemacht bin!“

Im Alltag erlebe ich anderes. Während der Ausbildung und im Beruf werden Leistungen gefordert. Dort zählen schnelles Erfassen von Vorgängen, kompetenter Umgang mit Menschen, sachgerechte Arbeit. Man gewinnt oft den Eindruck, dass Noten, Zeugnisse und Beurteilungen über den Wert eines Menschen entscheiden. Wer in seinem Leben etwas erreichen will, muss etwas bringen. Ganz nach dem Motto: „Leiste was, dann bist du was!"

Natürlich macht es Spaß, etwas leisten zu können. Wenn man sieht, dass sich der Einsatz lohnt, stellt sich ein Erfolgsgefühl ein. Dennoch: Die Leistung bestimmt nicht den Wert meines Lebens. Über den Wert bestimmt der, der mir das Leben mit seinen Möglichkeiten und Grenzen geschenkt hat und der sein Ja sagt: Gott. Ein tröstlicher Gedanke!

Dieses Ja Gottes zu uns können wir mit immer neuen Sätzen umschreiben, etwa so: „Du bist da. Und dass du da bist, ist gut." Sein Ja hat Gott in seinem Sohn Jesus Christus verbürgt. Vorurteilslos ist Jesus auf die unterschiedlichen Menschen zugegangen. Er hat sie angesehen und geliebt, wie sie ihm begegneten. Gut, dass du da bist! Ein tröstlicher Satz. Einer, der Perspektiven eröffnet.

Neulich hörte ich jemand sagen: „Manchmal könnte ich mich küssen." Der fand sich selbst toll. Andere stecken voller Minderwertigkeitskomplexe. Sie erwecken den Eindruck, als wollten sie sich dauernd dafür entschuldigen, dass es sie überhaupt gibt.

Steht ein Mann morgens vor dem Spiegel, sieht in das zerknitterte Gesicht und brummt: „Ich kenn dich zwar nicht, ich mag dich auch nicht, aber ich rasiere dich trotzdem!" Nicht immer geht es so gutmütig ab. Gut, dass es dich gibt?!

In meiner Taufe hat Gott sein Ja zu mir gesprochen. Jeden Tag lerne ich, dieses Ja nachzusprechen. Einmal zu mir selbst. Ich kann mich annehmen, ohne neidisch auf andere zu schauen. Ich bin geschaffen, nicht geworden. Ein unverwechselbarer, origineller Gedanke Gottes. Was für ein Geschenk! Was für ein tröstlicher Gedanke!

Und dann gilt das Ja Gottes auch den anderen Menschen: Danke, dass es dich gibt. Danke, dass wir uns haben, dass wir uns ergänzen. Gut, dass du da bist!

Birgit Winterhoff ist Pfarrerin. Sie leitet das Amt für missionarische Dienste der Evangelischen Kirche von Westfalen.

Luise Wolfram

Ein unsichtbarer roter Faden

Wir wohnten auf dem Lande in einer Mietwohnung. Hinter dem Haus erstreckte sich ein großes Wiesengrundstück, das an seiner Schmalseite an den Bachlauf grenzte, der durch unser Dorf floss.

Es muss 1949 oder 1950 gewesen sein. In der Nachkriegszeit waren erst sehr wenige Dorfbewohner glückliche Besitzer einer elektrischen Waschmaschine. Die Waschtage damals waren besondere körperliche Herausforderungen für die Hausfrauen. Viele nutzten die Fließkraft und das saubere Wasser unseres Baches zum Klarspülen der Wäsche. Der Bauer hatte den Zugang über seine Wiese erlaubt und eigens einen breiten hölzernen Steg gebaut. Den Bach hatte man an dieser Stelle etwas vertieft und von gröberen Steinen und Geröll befreit. So konnten sich die Frauen kniend um ihre Wäschestücke kümmern. Ich musste meiner Mutter oft beim Auswringen helfen.

Es war ein heißer Spätnachmittag im Sommer. Die Bauersleute hatten das fast trockene Heu vor der Kühle der Nacht zu großen Haufen aufgeschichtet. Wir größeren Kinder spielten hier leidenschaftlich gern „Verstecken“. Meine Mutter hatte mir als Zehnjähriger allerdings die Aufsicht über meine damals dreijährige Schwester anvertraut: „Pass gut auf sie auf!“ Ich war mir der Verantwortung durchaus bewusst.

Im Eifer des Spielens jedoch verlor ich die Kleine kurzzeitig aus den Augen und der Reichweite. Blitzartig schoss es mir durch den Kopf, dass sie zum Steg gelaufen sein könnte. Ich rannte sofort los und sah meine Schwester kurz vor dem Steg im Wasser liegen, mit dem Gesicht nach unten. Ich sprang ins knietiefe Wasser, zerrte sie an den nassen Kleidern hoch, konnte sie kräftig schütteln, bis sie mich – Gott sei Dank! – endlich wiedererkannte.

Wir setzten uns auf den Steg. Ihr heftiges Geschrei verschaffte mir in diesem Moment ein spontanes Glücksgefühl … Triefend nass zogen wir beide dann über die Wiese nach Hause, vorbei an meinen verstört gaffenden Spielgefährten.

Mein Vater war gerade von der Arbeit nach Hause gekommen und wusste wohl schon, dass wir beiden Kinder zusammen draußen waren. Als er uns so nass eintreten sah, bekam ich sofort seinen aufwallenden Zorn zu spüren, indem er mir eine schallende Ohrfeige verpasste. Aufgeregt und zugleich enttäuscht schrie er mich an und erinnerte mich an meine Verantwortung: „Hast du Mama nicht ausdrücklich versprochen, auf sie aufzupassen???“

In mein Heulen hinein mischte sich meine Mutter direkt ein, nahm mich auf den Schoß und wandte sich meinem Vater zu mit Worten, die ich mein Leben lang nicht vergessen habe: „Ich kann deinen Ärger und die Enttäuschung wohl verstehen. Aber sieh mal, sie hat doch der Kleinen das Leben gerettet! Stell dir mal vor, sie wäre erst später zum Suchen losgelaufen …“

Das war für mich dieser Trost, „wie einen seine Mutter tröstet“! Meine Eltern haben sich auf der Basis des gegenseitigen Vertrauens und der Verantwortung immer bestens verstanden, auch mit uns Kindern. Ich habe von meinen Eltern zeitlebens nie wieder eine körperliche Züchtigung erfahren.

Das einschneidende Erlebnis war fast vergessen, es hat meine Zuneigung und Verantwortung für meine kleine Schwester spürbar wachsen lassen.

Aber die Erinnerung an diesen Vorfall tauchte wieder in mir auf, als meine Schwester kurz vor ihrem Abitur wegen Herz-Kreislaufschwäche im Krankenhaus stationär untersucht werden musste. Sollte ich damals etwa an ihr schuldig oder mitschuldig geworden sein?

Mein Vater war zu diesem Zeitpunkt schon verstorben, aber meine Mutter tröstete mich wieder neu: „Wir wollen alles in Gottes Hand legen!" Das tat sie dann für uns alle. Meine Schwester konnte ein Studium aufnehmen und beenden, eine Familie gründen und glücklich werden. Auch ich konnte *getrost* den Weg in mein eigenes Leben weitergehen ... wenigstens eine unbefangene weitere Strecke.

Meine Schwester starb im Alter von sechsunddreißig Jahren ganz plötzlich an Gehirnbluten. Es war nicht mehr operabel. Da stieg plötzlich das alte Schuldgefühl wieder in mir hoch, jetzt aber in der Härte des Todes – ohne Wiedergutmachung, ohne klärendes Gespräch – noch stärker als zuvor. Gibt es Zusammenhänge zwischen dem Sturz ins Wasser und dieser Todesursache? Kein Mensch hat mir jemals Schuld oder Mitschuld an ihrem frühen Tod gegeben, im Gegenteil, alle versuchen, mich auf ihre Weise mit guten Worten zu trösten.

Da stieg das alte Schuldgefühl wieder in mir hoch.

Meine Mutter hat diesen bitteren Todesfall nicht mehr erleben müssen, aber sie hat mich damals gelehrt, dass ich Gott alles so in die Hand geben soll, dass ich dauerhaft ruhig werde.

Luise Wolfram ist Lehrerin i. R. und Pfarrfrau in Hannover.

CHRISTOPH ZEHENDNER

Einfach saugen und sich wohlfühlen

Hat eigentlich schon mal jemand die Mütter dieser Welt für den Friedensnobelpreis vorgeschlagen? Sie hätten's verdient. Die weitaus meisten jedenfalls.

Unfassbar, was die alles auf sich nehmen, wenn sich ihre Figur, ihr ganzer Körper, ihre Gefühle, ihre Leistungsfähigkeit, ihre Zeitplanung verändern. Unvorstellbar hoch das Risiko, das sie mit der Geburt eingehen. Unendlich groß die Investition an Liebe, Geduld, Zärtlichkeit und praktischer Arbeit, bis ihr Kind auf eigenen Beinen steht.

Mütter sind tapfere Menschen, bereit zu Anstrengung und Verzicht. Und sie tragen auf eine ganz spezielle Weise zum Frieden in der Welt bei. Denn die meisten von ihnen wünschen sich, dass ihr Kind in einer friedlichen, harmonischen Umgebung aufwächst. Sie tun dafür alles, was in ihrer Macht steht.

Doch ich fürchte, mein flammender Appell wird das Preiskomitee in Stockholm wenig beeindrucken, die Mütter bleiben von dieser Seite aus ohne Ehrung.

Der Bibelvers aus dem Buch des Propheten Jesaja aber (der uns in diesem Jahr als Jahreslosung zum Nachdenken anregt), den verstehe ich durchaus als eine Auszeichnung für alle Mütter dieser Erde. Denn Gott, der allmächtige Herr des Himmels und der Erde, der Schöpfer und Vater, verspricht seinen Menschen: „Ich will euch trösten, wie einen seine Mutter tröstet!" Interessanterweise eine Zusage, die wir nur hier in der Bibel entdecken. Ausgesprochen wird sie in einer schwierigen Phase des Volkes Israel.

Vor etwa zweieinhalbtausend Jahren waren die Menschen ziemlich trostlos dran: Auf sich allein gestellt vor einem Riesenhaufen an Aufgaben, Schwierigkeiten und unlösbaren Problemen. Nach unfreiwilligen Jahren in der Fremde waren sie jetzt zwar zurück in der Heimat, aber die war verwüstet und verwahrlost und bot wenig Grund zur Hoffnung. Wie sollte hier in den Trümmern Zukunft möglich sein?

Mitten in dieser Situation wendet Gott sich mit ungewöhnlichen Worten an seine Leute: „Ich will euch trösten, wie einen seine Mutter tröstet!"

Wie tröstet denn eine Mutter? Sie tut es mit kleinen, liebevollen Gesten. Sie streichelt über den Kopf. Sie ermutigt durch ein fröhliches Wort. Sie nimmt ihr Kind in den Arm. Sie klebt ein Pflaster auf das geschundene Knie. Sie hat Verständnis und hört zu. Und sie tut, was in ihrer Macht steht, damit ihr Kind sich aufrappeln und auf seinem Lebensweg weitergehen kann.

Eine Mutter tut, was in ihrer Macht steht, damit ihr Kind sich aufrappeln und weitergehen kann.

Natürlich wünsche ich mir, dass möglichst viele Väter ähnliche Zeichen des Trostes setzen und ihren Kindern damit guttun. Und das geschieht ja auch sehr oft. Doch es erstaunt mich, dass Gott, der sonst häufig als „Vater" bezeichnet wird, „wie eine Mutter" zu trösten verspricht, ausgerechnet in dieser besonders schwierigen Situation. Gott verspricht mütterliche Vaterliebe, väterliche Mutterliebe. Das Rundum-Paket an Zuwendung und Trost, das Menschen zum Leben brauchen. Eine Zusage, die er sich – wie alle Mütter – unvorstellbar viel kosten lässt.

Besonders erstaunlich ist für mich, dass Gottes Zusage eng mit der Stadt Jerusalem zusammenhängt. Ich versuche mir das bildlich vorzustellen: Die Stadt liegt damals in Trümmern, nichts ist übrig von der einstigen Pracht. Und doch ist hier immer noch der Ort, an dem Gott und Menschen sich auf besondere Weise begegnen. In Jerusalem sollten die Verzweifelten Trost und neuen Mut finden.

Bei Jesaja heißt es: „Freuet euch mit Jerusalem und seid fröhlich über die Stadt, alle, die ihr sie lieb habt! Freuet euch mit ihr, alle, die ihr über sie traurig gewesen seid. Denn nun dürft ihr saugen und euch satttrinken an den Brüsten ihres Trostes; denn nun dürft ihr reichlich trinken und euch erfreuen an dem Reichtum ihrer Mutterbrust" (Jesaja 66,10.11). Ein Säugling an der Brust seiner Mutter wird gestillt und bekommt alles, was er zum Leben braucht. Er kann einfach saugen und sich wohlfühlen. Genau so soll die Nähe Gottes den Menschen guttun und sie aufrichten. Kraft sollen sie in seiner Nähe tanken, Geborgenheit, Wärme, Liebe, Verständnis und Zuspruch.

Was könnte diese Zusage für uns Menschen des 21. Jahrhunderts bedeuten? Jerusalem ist für uns bei aller Faszination eine zerrissene, unruhige Stadt, in der gleich mehrere Religionen um die Vorherrschaft streiten. Auch in unserer Zeit geht von dieser Stadt wenig Trost für uns aus, im Gegenteil.

Aber Jerusalem steht hier vor allem für die Nähe Gottes, die Begegnung mit ihm. Die Jahreslosung macht uns Mut, damit zu rechnen: Wo Gott und Menschen einander begegnen, kann ein Ort des Trostes entstehen. Im Gottesdienst, im Hausbibelkreis, in der Gemeinschaft, im Gespräch mit anderen Menschen, die Gott vertrauen. Dort können wir (hoffentlich!) die mütterliche Seite Gottes erleben (und dazu auch selbst beitragen): ein gutes Wort, eine wohltuende Geste, eine Umarmung, eine Atmosphäre von Liebe und Gastfreundschaft.

Gott weiß, dass Menschen solche Zeichen des Trostes brauchen. Und darum verspricht er, auch wie eine Mutter an uns zu handeln. Letztlich ist seine mütterliche Absicht für uns noch viel größer als das, was durch einen Nobelpreis ausgezeichnet werden könnte: Er verspricht: „Ich breite den Frieden aus wie einen Strom" (Jesaja 66,12).

Christoph Zehendner ist Journalist, Theologe und Liedermacher. Er lebt und arbeitet in Triefenstein bei Würzburg als Mitarbeiter der Christusträger-Bruderschaft.

Peter Zimmerling

Fest wie Kernholz

Aus zwei Gründen begleitet mich dieser Vers schon viele Jahre lang. Er erlaubt gleichermaßen einen Blick in das Wesen und in das Handeln Gottes.

Als ich meine Doktorarbeit über die Gotteslehre des Grafen Nikolaus Ludwig von Zinzendorf (1700–1760) schrieb, fiel mir bald seine Rede vom „Mutteramt des Heiligen Geistes" auf. Aufgrund einer Zusammenschau von Jesaja 66,13 mit Johannes 14,16 u.a., wo Jesus den Heiligen Geist als „Tröster" bezeichnet, ist Zinzendorf der Überzeugung, dass der Heilige Geist gegenüber den Christen wie eine Mutter handelt. Der Heilige Geist erweckt sie, gebiert sie, pflegt sie und vor allem: Er tröstet sie.

Zinzendorf bemüht sich, mithilfe der Rede vom Heiligen Geist als Mutter biblische Aussagen zu veranschaulichen, die Gott auch weibliche Eigenschaften zuschreiben. Der Graf erkennt nämlich, dass der christliche Vatergott für die Bibel kein männliches Prinzip ist. Folgerichtig redet Zinzendorf im Zusammenhang mit dem dreieinigen Gott von Gottes Mütterlichkeit. In diesem Sinne entpatriarchalisiert er mit seiner Rede vom Mutteramt des Heiligen Geistes den traditionellen christlichen Gottesbegriff. Aufgrund von Jesaja 66,13 ist Zinzendorf „zum einsamen Erinnerer an die mütterliche Person in Gott in der nachreformatorischen Zeit geworden", wie der evangelische Theologe Paul Schütz es im vergangenen Jahrhundert in seinem „Evangelium" ausdrückte.

Wir können uns heute kaum noch vorstellen, welch heftigen, ja erbitterten Widerspruch Zinzendorf gerade an dieser Stelle von den Theologen seiner Zeit erfuhr. Und doch hat er damals etwas Entscheidendes erkannt: Wenn es stimmt, dass der Mensch als Mann und Frau nach dem Bild Gottes erschaffen wurde, muss Gott in sich gleichermaßen männliche und weibliche Züge tragen.

Der zweite Grund, warum mir der Vers aus Jesaja 66 besonders lieb ist, liegt darin, dass er den Trost in die Mitte von Gottes Handeln am Menschen stellt: Gott ist der verlässliche Tröster des Menschen – ganz egal, was ihm auch widerfahren mag!

Leider hat das Wort Trost im gegenwärtigen Sprachgebrauch vorwiegend eine negative Bedeutung und meint so viel wie Vertröstung, eine wirkungslose Geste angesichts der bedrängenden Realität. Schon die mittelhochdeutsche Sprachwurzel macht deutlich, dass mit Trost ursprünglich etwas ganz anderes gemeint war. Trost hat die gleiche sprachliche Wurzel wie Kernholz. Einen Menschen trösten bedeutet daher, ihm Festigkeit, ihm neue Stärke zusprechen.

Genau das meinen auch die Bibel und die Reformatoren, wenn sie von Trost sprechen. Das Wort Trost bekommt in der Reformation eine für den Glauben zentrale Bedeutung. So heißt es an prominenter Stelle, in der ersten Frage des Heidelberger Katechismus: „Was ist dein einiger Trost im Leben und im Sterben? Dass ich mit Leib und Seele, beides, im Leben und im Sterben, nicht mein, sondern meines getreuen Heilandes Jesu Christi eigen bin."

Einen Menschen trösten heißt also nicht etwa, ihn vertrösten, sondern ihm sicheren Boden, Festigkeit außerhalb seiner selbst geben. Einen Boden, der fest genug ist, dass er nicht im Strudel seiner Gedanken und Gefühle untergeht. Dieser Boden ist der Boden des Evangeliums, der Zusage von Gottes gnädiger Zuwendung zum Menschen. Ein so verstandener Trost vermittelt dem Menschen neue Kräfte, die außerhalb seiner selbst ihren Ursprung haben, aber gleichwohl in ihm ihre Wirksamkeit entfalten.

Einen Menschen trösten heißt, ihm sicheren Boden außerhalb seiner selbst geben.

Dr. Peter Zimmerling ist Professor für Praktische Theologie an der Universität Leipzig.

Johannes Zimmermann

Das schaff ich!

Wer andere tröstet, muss stark sein. So denken viele – so denke auch ich oft: Ich muss als Vater stark sein, um unsere Kinder begleiten zu können. Ich muss als Pfarrer stark sein, um anderen Gottes Trost zusprechen zu können. Aber stimmt das? Kann ich andere nur aus einer Position der Stärke heraus trösten?

Eine Erfahrung von Henry Cloud hat mich nachdenklich gemacht und zum Weiterdenken angeregt. Er berichtet davon, wie er als Kind im sechsten Schuljahr wegen Drüsenfieber über einen Monat lang in ein Krankenhaus musste, das zweihundert Meilen entfernt war. Er schreibt:

> Ich versäumte in der Schule so viel, dass fraglich war, ob ich das würde aufholen können, aber als ich zurückkam, versuchten wir es. Schon bald wollte ich schier nicht mehr. Die Müdigkeit von der Krankheit, der volle Stundenplan, die viele Nachholarbeit, es war alles zu viel. Für meine Mutter muss es die große Krise gewesen sein. Sie wollte doch nicht, dass ich ein ganzes Schuljahr wiederholen musste, mit neuen Klassenkameraden und dem Stigma des Versagers.
>
> Dann kam der Morgen, an dem ich mich für den nächsten lust- und kraftlosen Schultag fertig machte. Als ich mich anzog und das Hemd halb zugeknöpft hatte, erstarrte ich buchstäblich und blieb stehen wie eine Statue. Der Berg, der da vor mir lag, er schien

einfach zu hoch. Ich weiß nicht, wie lange ich so stand, aber dann kam meine Mutter herein.

„Mach dich fertig, du musst doch zur Schule."

„Ich will nicht zur Schule", sagte ich. „Ich kann nicht mehr."

Was dann geschah, werde ich nie vergessen. Meine Mutter legte ihren Arm um mich und sagte: „Ich weiß doch. Manchmal fühle ich mich auch so und möchte am liebsten nicht zur Arbeit fahren."

Die Welt schien stillzustehen. „Was", fragte ich, „du möchtest manchmal am liebsten nicht zur Arbeit?"

„Ja. Manchmal, wenn ich mich nicht gut fühle, ist es einfach zu viel."

„Aber dann fährst du doch."

Sie nickte.

In diesem Augenblick machte es irgendwo in mir „Klick". Ich war noch genauso müde, frustriert und krank, aber ich dachte nicht mehr: *Das schaff ich nicht,* sondern: *Das schaff ich!* Ich hatte wieder Mut, Ausdauer, Hoffnung; meine Mutter hatte mir ihre gegeben.*

Es war nicht zuerst die Stärke der Mutter, die Henry Cloud getröstet hatte, sondern das Eingeständnis ihrer Schwachheit. Für ihn war es eine Mut machende Erfahrung: Da ist jemand anders, sie kennt diese Situation. Sie ist ihr nicht fremd, sie hat so etwas selbst auch schon erlebt. Ich fühlte mich verstanden.

---

* Aus: Henry Cloud, Charakter gefragt, Brunnen-Verlag, Gießen/Basel, 2. Auflage 2012, S. 78.

Das Trösten der Mutter ist hier nicht das Trösten des Kleinkinds, das sich bedroht fühlt und bei der Mutter Zuflucht sucht. Trösten ist hier nicht regressiv, sondern hat einen ganz anderen Charakter. Der Junge erkennt: Ich bin nicht allein in meinem Erleben. Da ist jemand, der genauso wie ich anfechtbar und verwundbar ist. Meine Mutter, die ich bisher als „über" mir stehend wahrgenommen habe, begibt sich auf dieselbe Ebene. Es ist die Erfahrung tiefer menschlicher Solidarität. Diese Erfahrung ist zutiefst tröstlich.

Aber das ist noch nicht alles: Es ist nicht nur das Sich-verstanden-Wissen, sondern zugleich die weiterführende Perspektive: Ich brauche nicht in Resignation zu versinken, denn an meiner Mutter sehe ich, wie ich aus dem Loch herauskommen kann. Sie kennt eine solche Situation nicht nur, sie hat es geschafft, nicht klein beizugeben. Was sie geschafft hat, schaffe ich auch! Trost ist hier zugleich Ermutigung: Ich brauche nicht beim Jammern zu bleiben.

Ich sehe darin eine doppelte Perspektive für mich selbst. Zunächst habe ich überlegt: Welche Menschen wirken auf mich tröstend? Nicht die Überflieger, die unnahbar in ihren Leistungen und ihrem Durchhaltevermögen sind, sondern andere, die ich als „menschlich" erlebe, als Menschen, die mir mit ihren Stärken und Schwächen nahe sind. Sie versuchen nicht, ihre Schwächen zu verdecken (auch nicht umgekehrt: damit zu kokettieren), sondern gehen offen damit um. Sie haben einen Weg aus der Krise gefunden, aber nicht als unerreichbare Vorbilder, sondern als solche, die mir nahe sind und mich gerade so anspornen.

Für meine eigene Aufgabe, andere zu trösten, ist das eine

Herausforderung: Habe ich den Mut, meine Schwächen erkennbar werden zu lassen? Gemeint ist damit: Kann ich eingestehen, dass ich selbst trostbedürftig bin? Ich gehöre zu denen, die sich schwer damit tun.

Kann ich eingestehen, dass ich selbst trostbedürftig bin?

Natürlich tröstet nicht Schwachheit als solche. Es braucht eine gute Balance von Stärke und Verwundbarkeit.

Schließlich entdecke ich genau diese Form des Trostes im Hebräerbrief. Dort lese ich über Jesus und sein Verhältnis zu uns: „Denn wir haben nicht einen Hohenpriester, der nicht könnte mitleiden mit unserer Schwachheit, sondern der versucht worden ist in allem wie wir, doch ohne Sünde" (Hebräer 4,15).

Jesus ging seinen Weg in Solidarität mit uns Menschen. Er hat alle Anfechtung, jede Versuchung und alles menschliche Leid ertragen. Er steht nicht unerreichbar über uns. Jesus ist nichts Menschliches fremd – und zugleich hat er alles durchgestanden.

Aus dem Weg, den Jesus ging, wird im Hebräerbrief eine kräftige Ermutigung im Blick auf ihn – nicht nur als Mut machendes Vorbild, sondern als „Anfänger und Vollender des Glaubens", der diesen Weg für uns gegangen ist: „Lasst uns laufen mit Geduld in dem Kampf, der uns bestimmt ist, und aufsehen zu Jesus, dem Anfänger und Vollender des Glaubens" (Hebräer 12,1b-2a).

Prof. Dr. Johannes Zimmermann ist Gemeindepfarrer in Balingen-Endingen (Zollernalbkreis, Württemberg) und apl. Professor für Praktische Theologie an der Universität Greifswald.